本书是国家自然科学基金项目（项目编号：72003176、72073044）、浙江工业大学人文社会科学研究基金后期资助项目支持的阶段性成果，也是浙江省哲学社会科学重点研究基地浙江工业大学现代化产业体系研究院专项课题（课题编号：2023CYYB14）、浙江工业大学人文社科预研基金项目（项目编号：SKY-ZX-20200147）、浙江工业大学社科校基金项目（项目编号：SKY-ZX-20210232）等课题联合资助的成果

新一轮电力市场化改革背景下
可再生能源发电并网
定价策略研究

朱振宁 孔令丞 ◎ 著

中国财经出版传媒集团
经济科学出版社
Economic Science Press
·北 京·

图书在版编目（CIP）数据

新一轮电力市场化改革背景下可再生能源发电并网定价策略研究 / 朱振宁，孔令丞著. --北京：经济科学出版社，2024.6. -- ISBN 978-7-5218-5982-9

Ⅰ. F426.61

中国国家版本馆 CIP 数据核字第 20241EQ245 号

责任编辑：王柳松
责任校对：齐　杰
责任印制：邱　天

新一轮电力市场化改革背景下可再生能源发电并网定价策略研究

朱振宁　孔令丞　著

经济科学出版社出版、发行　新华书店经销

社址：北京市海淀区阜成路甲 28 号　邮编：100142

总编部电话：010-88191217　发行部电话：010-88191522

网址：www.esp.com.cn

电子邮箱：esp@esp.com.cn

天猫网店：经济科学出版社旗舰店

网址：http://jjkxcbs.tmall.com

固安华明印业有限公司印装

710×1000　16 开　12.25 印张　170000 字

2024 年 6 月第 1 版　2024 年 6 月第 1 次印刷

ISBN 978-7-5218-5982-9　定价：56.00 元

（图书出现印装问题，本社负责调换。电话：010-88191545）

（版权所有　侵权必究　打击盗版　举报热线：010-88191661

QQ：2242791300　营销中心电话：010-88191537

电子邮箱：dbts@esp.com.cn）

前　言

可再生能源的开发利用，不仅可以解决传统化石能源燃烧造成的污染问题，而且可以有效地缓解全球能源供需矛盾。得益于政府激励政策的支持，中国的可再生能源电力产业实现了快速发展，可再生能源电力产业的装机容量和发电量已经连续多年领跑全球。虽然如风力发电、光伏发电等可再生能源电力绿色清洁、低碳环保，但其发电产出的间歇性和不确定性、较高的并网调峰成本和并网电价，使电网等购售电企业更加青睐于供电稳定、价格便宜的常规能源电力，造成绿电①产业高弃风率、高弃光率及发电并网难的问题。

技术局限、高经济代价、电网陈旧等，都曾被看作绿电并网困境的原因。但从发达国家成熟电力市场中的绿电利用实践来看，"弃风、弃光"现象的根本原因是各种能源机构的利益之争，是过度的行政干预造成的市场失灵和资源错配。其实，政府绿电补贴以及可再生能源极低的边际发电成本，使绿电具有较强的竞争优势。因此，随着绿电市场渗透率的不断提高，电力市场化改革的深入及电力产业政策的转变，直接参与市场竞争成为绿电发展的必然选择。

为了构建主要由市场决定能源价格的市场机制，中国分别在 2002 年和 2015 年实施了两次电力市场化改革。新一轮电力市场化改革后，中国的电力市场引入了竞争机制，形成了混合不同电源结构、多种电量分配、定价机制、交易主体和交易模式的混合电力市场。其中，电价改革成为电力市场化改革的重中之重，也是电力市场持续有效运行的保证。虽然

---

① 本书绿电指可再生能源电。因此，本书中笔者根据语境的不同，使用不同的词语。

有政府制定的全额上网、标杆电价等有利政策加持，市场条件下可再生能源电力实际执行的并网价格可以不完全执行政府定价，而是在政府限定价格内，基于纵向电力产业链利益协调的前提下，上下游各方利益权衡之后形成的各自利润最大化的市场契约价格。

纵观有关可再生能源电力市场的既有研究可以发现，随着全球环境问题的凸显及能源供需矛盾的加剧，可再生能源电相关问题已经成为一个研究热点和研究的重点领域。与可再生能源电力相关的发电特征分析、市场结构变化、可再生能源电发电并网政策、基于电力纵向产业链的利益协调及其价格契约选择等相关的研究成果日益丰富。但是，对可再生能源电的并网定价研究，总体上仍较为匮乏。基于此，为了解决可再生能源电并网定价问题，本书针对新一轮电力市场化改革后形成的混合电力市场，以可再生能源电价格市场化为改革导向，从电力纵向产业链利益协调分析入手，综合考虑政府的规制作用，利用批发价合约、收益共享合约等契约机制对比、分析了不同电力市场结构下可再生能源电并网定价决策机制。

本书内容可分为五部分，共七个章节，具体内容如下。

第一部分为第一章，研究背景与研究意义。该部分对本书的选题背景进行了介绍并提出问题，明确了研究的理论意义与实践意义。

第二部分为第二章，相关中外文文献研究进展。在该章中，本书借鉴了价格契约理论、产业链纵向一体化及利益协调理论，对可再生能源电力市场结构特征、可再生能源电发电并网定价政策、市场机制下电力竞价交易模式、电力产业链利益协调及其价格契约设计、可再生能源电力市场的供需不确定性问题等相关研究成果进行了综述分析，作为本书的理论借鉴。

第三部分为第三章，可再生能源电力产业发展现状。首先，对国内外电力市场化改革发展历程进行梳理；其次，在电力市场化发展梳理的基础上，着重归纳分析市场化进程中出现的垂直垄断、买方垄断和售电侧竞争的三种电力市场模式，为后续的电力市场结构分析提供理论支撑。最后，通过数据统计详细梳理、分析了全球及中国的可再生能源电力产业发展现状。

第四部分为第四章，供给—电价不确定下单一可再生能源电力市场发电并网决策；第五章，发电侧混合市场结构下可再生能源发电并网决策；第六章，供需混合市场结构下可再生能源发电并网定价决策。该部分基于产业链利益协调理论，利用分散决策的批发价合约和收益共享合约等契约机制，在考虑绿电产出和电力市场需求价格波动的双重不确定条件下，通过构建"一对一""多对一""多对多"的电力产业链系统模型，分别分析了供给—电价不确定下单一绿电发电商和单一电网组成的市场结构中可再生能源的发电并网决策、发电侧混合市场结构下可再生能源发电并网决策及供需混合市场结构下可再生能源发电并网定价决策，并且，探讨了市场竞争强度及政府补贴等因素对电力定价决策的影响。

第五部分为第七章，研究结论与政策建议。该部分总结、归纳了全书的主要研究结论，并为中国电力市场化改革进程中可再生能源电的并网消纳提出了对策建议。最后，对可再生能源电并网定价未来可进行的研究提出了几点展望。

本书基于中国的新一轮电力市场化改革背景，考虑可再生能源电力市场供需双重不确定性的特征，从电力纵向产业链利益协调的新视角研究了可再生能源发电并网的定价机制，与既有研究相比，在研究视角、研究方法等方面都有一定创新之处，对于传统报童模型理论、纵向产业链系统结构模型、传统的不可存储商品的合同定价理论、电力定价理论等都是一次理论丰富和理论扩展。

本书是国家自然科学基金项目（项目编号：72003176、72073044）、浙江工业大学人文社会科学研究基金后期资助项目支持的阶段性成果，也是浙江省哲学社会科学重点研究基地浙江工业大学现代化产业体系研究院专项课题（课题编号：2023CYYB14）、浙江工业大学人文社科预研基金项目（项目编号：SKY–ZX–20200147）、浙江工业大学社科校基金项目（项目编号：SKY–ZX–20210232）等课题联合资助的成果。感谢上海财经大学谢家平教授和华东理工大学于立宏教授，他们在本书研究过程中的理论分析、实地调研、内容写作等方面都给予了大量帮助。感谢浙江工业大学经济学院孙林教授和经济科学出版社王柳松编辑，他们为本书的出版提供了巨大帮助。

受作者学术能力等因素限制，本书可能尚有诸多不完善之处，谨以本书抛砖引玉，希望可以为关注可再生能源电力市场相关问题的研究学者和业内读者提供理论思考和理论借鉴。对于书中可能暴露的疏漏之处，敬请各位专家读者批评指正。

朱振宁　孔令丞

2024 年 1 月于浙江工业大学

目 录

第一章　研究背景与研究意义

党的十八大以来，从中央政府到各级地方政府对生态文明建设越发重视，在生态环境问题整治力度、保护修复力度及生态环境质量方面取得了前所未有的改善。特别是在党的二十大报告中，进一步明确提出未来中国"推动绿色发展，促进人与自然和谐共生"的发展目标，"加快发展方式绿色转型""积极稳妥推进碳达峰碳中和"[①]。在此背景下，构建一个高效、绿色的电力市场已成为应对日益严峻的能源供需矛盾和气候变化问题的重要途径，更是实现碳达峰、碳中和目标的必然要求。

随着可再生能源技术的不断发展及各国政府清洁能源政策的激励，全球可再生能源电力产业得到了快速发展。但因可再生能源电力产出的间歇性特征，绿电发电并网往往具有很高的调峰成本及传输成本，这也使下游电网公司对接收绿电并网缺乏足够的动力，进而出现了弃风、弃光等弃电问题，造成了严重的经济损失及资源浪费。其深层次原因在业界和学术界一直颇有争论，其中，技术水平限制、资源禀赋差异、电力规划缺陷等说法多次被提及，这也从侧面反映出弃电现象的复杂性。但从国内外绿电市场实际情况来看，电网接收绿电发电并网的上限值是可以不断被突破的，北欧国家等的可再生能源发电利用实践已作出了有力证明。弃电限电现象

---

① 新华社．习近平：高举中国特色社会主义伟大旗帜 为全面建设社会主义现代化国家而团结奋斗——在中国共产党第二十次全国代表大会上的报告．https：//www.gov.cn/xinwen/2022 − 10/25/content_ 5721685. htm.

的根本原因主要在于，电力产业链中不同能源结构的利益之争。[①]

　　要实现可再生能源发电产业的可持续发展，必须构建有效竞争的电力市场结构体系，最终形成市场定价机制。从国外成熟电力行业的发展历程看，电力行业的市场化改革是电力行业发展的普遍规律，目标在于将电力资源配置由市场来决定，实现电力行业市场主体生产、消费和投资的有效性。2000 年以来，中国已先后两次实施了电力市场化改革。2002 年的第一次电力市场化改革主要实现了"厂网分开"，但作为改革核心内容的电价机制市场化仍未实现。为了加快构建竞争性的电力市场结构体系，形成电力市场价格决定机制，2015 年中国又颁布了新一轮电力市场化改革方案，制定了"三放开，一独立"的改革任务，并强调构建可再生能源优先发电上网制度，鼓励绿电发电企业直接参与市场交易，以市场手段解决"三弃"问题，形成可再生能源参与市场竞争的新机制。在新一轮电力市场化改革之后，形成了具有新的结构特征的电力市场，其定价机制、电量分配、交易主体、交易模式等都会发生变化。因此，如何在新一轮电力市场化改革后形成的新的电力市场中厘清可再生能源发电并网的定价机制，对于增加可再生能源发电的市场渗透率，促进可再生能源发电的并网消纳具有重要的理论意义和实践意义。

第一节　研究背景

一、新一轮电力市场化改革助力形成混合电力市场

　　改革开放以来，中国电力工业实行"政企分开，省为实体，联合电网，统一调度，集资办电"的发展方针[②]，地方政府办电的积极性得以调

---

　　① 中国储能网. 新电改能有效解决弃风弃光难题? http://www.escn.com.cn/news/show-286777.html.

　　② 刘建平. 中国电力产业政策与产业发展 [M]. 北京：中国电力出版社, 2006.

动，电力行业迅速发展。之后，在中国市场经济体制改革的大环境下，电力行业也在不断进行转型。2002年，国务院正式颁布了《电力体制改革方案》，提出"厂网分开，主辅分离，输配分开，竞价上网"的电力体制改革总体方针①，正式开启了中国电力体制市场化改革的步伐。但《电力体制改革方案》的实施仅实现了"厂网分开"，且因电源资源分布和电网建设条件的矛盾，最终导致发电规划时间周期和电网规划时间周期不同步、空间布局不匹配的时空阻断格局。这一格局也使电网企业对可再生能源电的并网消纳和输配显得力不从心，虽然政府提出了可再生能源电全额强制上网的要求，但是，电网还是无法全部接收可再生能源发电量，这也造成了以风力发电、光伏发电为主的省（区、市）出现高位的弃风率和弃光率，可再生能源电力设备利用小时数维持在较低水平的局面。

在《电力体制改革方案》发布后的十多年内，中国的电力工业不断健康快速发展，不但成功解决了国内面临的电力短缺问题，而且电力企业的生产能力、运营能力及管理能力均得到了很大程度的提高。但第一轮电力市场化改革（即《电力体制改革方案》）并未从根本上解决中国电力行业的发展矛盾，一些新的问题还在电力行业不断涌现；此外，随着社会改革大环境的不断发展，国内舆论对电力行业改革的诉求越发强烈，这些都驱动着电力行业新一轮改革的实施。2015年，《关于进一步深化电力体制改革的若干意见》发布，标志着中国新一轮电力体制改革正式实施。相对于《电力体制改革方案》，《关于进一步深化电力体制改革的若干意见》被称为新一轮电力市场化改革的文件，并且将改革重点放在了电力价格的市场化机制形成之上。新一轮电力市场化改革的主要内容可被归纳为"三放开一独立"，即放开输配以外的经营性电价、放开公益性调节以外的发电计划、放开新增配售电市场并建立相对独立的电力交易机构。②

① 中国政府网. 国务院关于印发电力体制改革方案的通知. http：//www. gov. cn/zhengce/content/2017－09/13/content_ 5223177. htm.
② 国务院关于进一步深化电力体制改革的若干意见. http：//tgs. ndrc. gov. cn/zywj/201601/t20160129_ 773852. html.

  总体来看，在新一轮电力市场化改革后，电力市场中电量负荷使用和电力定价都被进行了明确区分。总的电量负荷主要包括计划电量和市场电量，计划电量主要用于居民、农业、重要公共事业及公益性等行业部门；市场电量则主要是上述行业以外的行业部门用电。对于电力价格的制定，计划电量部分由政府单独核定电力价格；而市场电量部分则按照市场竞价决定电力价格，即新一轮电力市场化改革中提出的"分步实现公益性以外的发售电价格由市场定价"①。在电力市场供给侧，全部绿电量由政府指导定价，火电量中计划电量部分执行政府定价，其余部分实行市场定价；在电力市场需求侧，居民、农业、公共事业及公益性行业部门由政府指导定价，其他部门用电由市场定价。在电网输配环节，"单独核定输配电价"。符合市场准入的发电商、售电商和电力用户都可以成为电力市场交易主体。电力交易市场由期货市场和现货市场构成。电力交易模式包含零售模式和大用户双边合约直购模式。因此，可以发现，新一轮电力市场化改革后形成的电力市场中，混合了多种电量分配、定价机制、交易主体和交易模式。混合电力市场逻辑关系，见图 1 - 1。

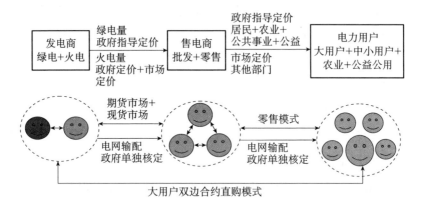

图 1 - 1　混合电力市场逻辑关系

注：笑脸表示电力供应链各环节相应的参与主体。

资料来源：笔者绘制。

①　国务院关于进一步深化电力体制改革的若干意见 . http：//tgs. ndrc. gov. cn/zywj/201601/t20160129＿ 773852. html.

二、可再生能源发电并网面临的困境

虽然中国的可再生能源消费在一次能源中的消费比例不断提高，可再生能源发电装机规模逐渐扩大、发电量逐渐增加，但其并网过程却面临困境。作为第二大经济体，中国是世界上最大的能源消费国和二氧化碳排放国，也已经连续多年成为可再生能源利用的第一大国。2015 年的巴黎气候大会，中国提出要让本国二氧化碳排放量在 2030 年前后达到峰值，二氧化碳排放强度比 2005 年下降 60% ～65%，在一次能源消费中非化石能源占比约达到 20%。[①] 因此，大力提高可再生能源的开发利用，特别是提高可再生能源电的渗透比率，成为一个重要选择。截至 2017 年底，中国可再生能源发电装机达到 6.5 亿千瓦，占电力总装机的比例约为 36.6%，连续多年位居世界第一。其中，风力发电装机为 1.64 亿千瓦，光伏发电装机为 1.3 亿千瓦。[②] 截至 2023 年 6 月底，全国可再生能源发电总装机已突破 13 亿千瓦，达到 13.22 亿千瓦，同比增长 18.2%，约占我国发电总装机的 48.8%。其中，风电装机 3.9 亿千瓦，太阳能发电装机 4.71 亿千瓦。[③] 在由传统火力发电和可再生能源电构成的电力供给市场中，绿色电力备受推崇。

和火力发电相比，可再生能源发电入网具有一些明显的不利因素，导致其并网面临困难。首先，可再生能源发电受天气变化和地理位置等自然环境因素的影响较大，表现为电力产出的间歇性和不稳定性。而在实际生产过程中，各部门对电力供给的稳定性要求非常高，电力短缺通常会造成巨大的经济损失。受技术水平限制，目前电力还无法实现大规模存储，造成了可再生能源发电产出的不稳定性与实际生产需求对电力

---

① 中国国家能源局. 2017 年度全国可再生能源电力发展监测评价报告. https://www.gov.cn/zhengce/zhengceku/2018 - 12/31/content_ 5433577. htm.

②③ 丁怡婷. 可再生能源发电总装机超 13 亿千瓦［N］. 人民日报，2023 - 07 - 20（10）.

高标准性的矛盾。其次，因产出的间歇性，可再生能源电在并网消纳时必须有常规能源电力参与进行调峰，并且其并网规模越大，对调峰能力的需求越强，调峰成本也越高。因此，对于电网公司而言，接收可再生能源电对其电网建设成本和电网接收成本都是一种考验。这是当前所有发展可再生能源电的国家（地区）都必须面临的问题，即随着其装机发电规模的扩大，出现了高比率的"弃风、弃光"现象。

以中国的风力发电为例，虽然其真正实现规模化发展始于 2005 年，但是，风力发电产业的增长是相当迅速的，截至 2011 年底，中国风力发电的累计装机量就占到全球风力发电总装机量的约 26%。但从 2009 年开始，电网接纳风电并网问题开始显现，当年有高达 46% 的风力发电无法顺利并网，弃风限电逐渐成为常态。之后，尽管弃风比率有所下降，但限电总量却逐年攀升。到 2013 年，虽然弃风比例降至 18.47%，但弃风量却达到惊人的 14 253 兆瓦。为了增加风力发电入网消纳量，电网公司试图通过电网扩容，增强调峰能力等方式加以解决。例如，2012 年，国家电网实际投资达到 3 054 亿元，2013 年达到 3 894 亿元，2014 年初更是启动 4 000 亿元的投资预算。[①] 但与电网系统升级改造的巨大投入并存的是弃风限电的高位占比。总体来看，持续高位的"弃风率、弃光率"和政府推行实施的"绿电优先、强制并网"的政策激励，已成为中国风电行业的真实写照。

三、可再生能源电力补贴面临巨大压力

在可再生能源电力产业中，政府往往发挥着极其重要的作用。在电力市场化改革过程中，虽然强调政府应放松规制，由市场机制发挥调节作用，但并非完全放弃规制。高效的规制策略不仅可以应对一般的市场

---

① 中国行业研究网（财经）. 2014 年国家电网 400072 盛宴开启. http：//finance. chinairn. com/News/2014/01/20/140224876. html.

失灵，而且可以有效地促进电力市场竞争。为了促进可再生能源电的开发利用，政府部门通常采取投资补贴和强制并网电价等一系列鼓励政策协调电力产业链上下游企业的利益，刺激其选择可再生能源电力。截至2012年，全球范围内至少有65个国家（地区）对可再生能源电力产业实施了并网补贴政策。中国是目前可再生能源发电利用规模最大的国家，绿电上网电价实行分区定价、标杆电价和招标电价，并且，价格高于当地燃煤机组标杆电价的部分由政府提供补贴。长期的补贴政策有效地刺激了风电、光伏等新能源新增发电装机规模的扩大，这也增加了可再生能源电的并网补贴压力。

在中国，可再生能源电价附加是可再生能源电发电补贴资金的主要来源，并且可再生能源电价附加征收对象主要来自除居民生活、农业生产及公益性产业之外其他各部门的用电量。近年来，可再生能源电价附加标准基本上是逐年递增的（2006年可再生能源电价附加标准是0.1分/千瓦时，2016年已经达到1.9分/千瓦时）。除了对绿电发电量的补贴，政府还应将绿电接网工程及独立电力系统工程纳入补贴范围，即使这部分补贴体量相对于电量补贴较小。根据统计数据显示，截至2018年底，中国可再生能源补贴缺口累计已超过1 200亿元。① 分析可再生能源补贴缺口持续增加的原因，一方面，基于政府的政策激励及绿电技术的不断进步，近年来可再生能源电力产业迅速发展，绿电新增装机容量和绿电发电量快速增加，结果是绿电电量的增长速度往往远高于全社会用电量的增长速度；另一方面，可再生能源电价附加的征收标准往往会持续一段时期，相对来讲，其调整周期比较长。因此，可再生能源电力电量的过快增长和可再生能源电价附加征收标准得不到及时调整，造成可再生能源电力财政补贴资金缺口的不断扩大。

日益严重的可再生能源电力补贴缺口问题，成为当前限制可再生能

---

① 中国政府网. 平价上网新政出台——风光发电普惠制补贴成历史. https：//www.gov.cn/zhengce/2019 – 01/11/content_ 5356875. htm.

源产业发展的一个重要因素。实际上，在中国的可再生能源电力项目补贴政策中，发电企业必须在该电力项目被纳入绿电补贴名录，才有资格获得相应的绿电补贴。这就造成了绿电补贴往往存在滞后性，较大占比的新增绿电装机容量不会立刻获得补贴，导致绿电企业需要面对较大的投资压力。此外，可以预见，随着绿电电价补贴的不断增加，必然会带来市场电价的上涨压力，导致其他行业的生产成本增加。面对可再生能源补贴机制困境，部分业内人士建议通过进一步提高可再生能源电力附加的形式解决，[①] 但这一目标较难行得通，且与电力市场化改革后提出的绿电平价上网的目标相违背。

在全球可再生能源电力市场，绿电补贴政策主要包括固定电价政策和"市场电价 + 绿证交易"政策，前者规定固定可再生能源电价补贴标准，后者提倡可再生能源电力企业以市场价格参与市场交易的同时，还可以通过绿电证书交易获取收益。固定电价政策强调对绿电发电的激励，在可再生能源电力产业发展初期具有显著的促进作用，但随着可再生能源发电规模的扩大，这种补贴政策容易造成绿电的供过于求，产生弃风、弃光现象。因此，从长期来看，应选择基于市场调节的补贴机制，促进绿电的可持续并网消纳。

在电力产业内，发电环节和输配电环节都存在非常显著的规模经济效应，尤其是输配电环节电网的成本次可加性和网络外部性的特征，使其毫无争议地被列入自然垄断行业，以至于电网在很多国家（地区）都是以独家垄断的形式存在。在电力垄断市场中，因电网企业的垄断势力，其输配电成本信息往往不对称，这也使得政府实施的可再生能源电并网电价政策陷入困境。基于此，从长期来看，绿电并网问题很难简单地依靠政府的管制政策有效解决，当前可再生能源电的电价补贴机制也应寻求改善，特别是应改变人为上报发电成本、成本高则补贴高的补贴方式。

---

① 中国光热发电权威媒体商务平台. 两会代表呼吁将可再生能源电价附加从 1.9 分提升至 3 分. http://www.cspplaza.com/article - 11625 - 1.html.

要推动电力市场化改革，积极推行竞价上网，通过市场竞争机制确定可再生能源投资发电的真实成本，逐步减少信息不对称的消极影响。

四、电力纵向产业链利益协调成为电力市场价格决定的关键

在电力市场化改革前及改革初期，电力产业往往由电网公司自然垄断。在电力需求经常出现规模性短缺或大幅度波动时，电力系统通常会采用发输配、产供销一体化的运作模式，并辅之以政府定价。短期内，这些措施可以确保电力供应的相对稳定。但这种方式将形成电力系统的自然垄断，一旦电力需求规模性短缺或大幅度波动不再成为常态，该模式导致的效率低下与福利损失就成了比较突出的问题。事实上，在短期内，因可再生能源电力产出的间歇性及不稳定性，具有自然垄断优势的电网公司更愿意接受输出稳定、并网成本更低廉的常规能源电力产品。此外，可再生能源电力供给的不确定性会影响电力供应链各环节参与者的利益分配比例，而电网企业的强势行为往往会导致绿电发电商的利益受到较大损失。因此，在一定程度上讲，当前可再生能源发电并网难的问题在很大程度上在于电力产业链上下游环节各参与企业的利益协调问题。因此，随着电力市场化改革的不断深入，在电力大规模存储技术还不十分成熟，可再生能源发电（供给侧）和电力需求（需求侧）都存在随机性的情况下，电力产业链上发电、传输、配送、销售等上下游各环节的利益协调显得尤为重要。

从电力市场运行实践看，虽然可再生能源电力产业发展过程中面临并网消纳困境，但在国内外可再生能源电力市场实际运行中，电网接收绿电并网的上限值是可以不断被突破的。北欧国家通过电力市场化改革，较早建立了较完善的电力市场交易机制，电力产业链上下游各方的利益均实现了协调，使其成为利用可再生能源电力较早、较成功的国家。其中，丹麦的风力发电已连续多年占到其国内并网电量的20%，最高并网

峰值甚至达到 100%。以西班牙为例，其具有与中国类似的风电产业发展模式，其国内风电并网量可以占到电网负荷总量的 20%。在中国，2012年 3 月底，蒙西电网的风电并网比例实现 21.32%，短时间内该比例甚至超过了 30%。① 更具有代表性的一个例子是，2017 年 6 月 17 日至 6 月 23日，在连续 7 天共计 168 小时的时间内，国家电网在青海省实现全部以光伏发电、风电及水电等清洁能源供应用电，这也是国内首次实现用电零排放。② 上述案例说明，可再生能源的发电利用，除了需要具有一套完善的电网系统，电力市场中各产业链环节参与者的利益协调必须予以考虑。

在新一轮电力市场化改革之后，政府为了实现"形成主要由市场决定能源价格机制"的目标，不断加速推动可再生能源电力参与市场竞争，并且提出了"去补贴""平价上网"等具体改革目标措施。2018 年 5 月，国家能源局发布了《关于 2018 年度风电建设管理有关要求的通知》，该文件在明确将可再生能源电并网消纳作为绿电工作首要条件的同时，提出了"推行竞争方式配置风电项目"的要求。《关于 2018 年度风电建设管理有关要求的通知》规定，从通知下发之日起，"尚未印发 2018 年度风电建设方案的省（区、市）新增集中式陆上风电项目和未确定投资主体的海上风电项目应全部通过竞争方式配置并确定上网电价"。③ 与此同时，还配套下发了《风电项目竞争配置指导方案（试行）（2018 年度)》。这意味着，可再生能源电力将真正进入市场，独立面对"竞价"环境。电力竞价上网必然降低终端消费电价和入网电价，电力产业链上下游参与企业的利益都会受到影响，特别是上游可再生能源发电商的压力会增加并造成其利益损失，中下游电网公司和其他售电商的利益也会有不同

---

① 中国能源报．理性认识风电发展难题．http：//www. nea. gov. cn/2012 – 05/24/c_131607383. htm.

② 中国国家电网公司．http：//www. sgcc. com. cn/xwzx/gsyw/2017/06/340536. shtml.

③ 国家能源局．国家能源局关于 2018 年度风电建设管理有关要求的通知．https：//www. gov. cn/zhengce/zhengceku/2018 – 12/31/content_ 5437077. htm.

程度的变化。但长期来看，与常规能源电力相比，因可再生能源电发电边际成本极小，这也保证了其可能的竞争优势。因此，为了增加并网消纳量，避免被弃，可再生能源发电商有足够动力与下游电网公司和售电商达成某种利益协调。反过来，面对电力供给端绿电和火电的竞争，电网公司和其他售电商的选择机会将更多，必将基于自身利益最大化权衡并网电量。因此，在竞争性电力市场中，电力产业链中各参与企业会基于自身利益最大化目标展开竞合博弈，最终形成基于各参与方利益协调的市场电价和并网电量。

因此，总体来看，在新一轮电力市场化改革后形成的混合电力市场中，可再生能源的发电并网定价由"强制上网 + 政府定价"变为"优先安排发电计划与并网计划 + 政府定价"①，可见，政府对绿电发电并网的保障力度是有增无减的。对于被优先安排并全额并网的可再生能源电，因产出的间歇性、随机性等特征，其并网需要常规能源电力调峰，并且随着绿电并网量的增加，电网接收绿电的调峰成本也在增加。虽然当前为了鼓励可再生能源电的并网消纳，政府对绿电发电商和电网公司按照接收绿电量进行财政补贴，但随着绿电并网量的增加，当财政补贴不能弥补并网调峰成本时，电网公司将不会继续接收绿电并网，最终一部分可再生能源电将必然被舍弃。但绿电显著具有高装机成本（即沉没成本）和低运营成本的特征，低运营成本优势和政府补贴的支持，确保了绿电运营企业较大的获利能力和利润空间，也增强了其与常规能源电力竞争的能力。因此，为了避免绿电被放弃，可再生能源发电商更愿意让被放弃的绿电进入电力竞争市场，通过向下游环节购电商让渡部分利润以换取更多的绿电并网机会。因此，可再生能源电力是否可以最大限度地实现无歧视、无障碍并网消纳，关键在于电力产业链上下游各方的利益能

① 国家发展和改革委员会、国家能源局关于规范优先发电优先购电计划管理的通知. https：//www.ndrc.gov.cn/fzggw/jgsj/yxj/sjdt/201901/t20190129_987016_ext.html.

否得到协调。具体来看，在混合电力市场中，可再生能源电力实际执行的并网价格并不完全执行政府定价，实际上是在政府的限定价格内，电力供应链上下游参与各方利益权衡后形成的基于各自利润最大化的契约价格。研究问题界定，见图 1 – 2。

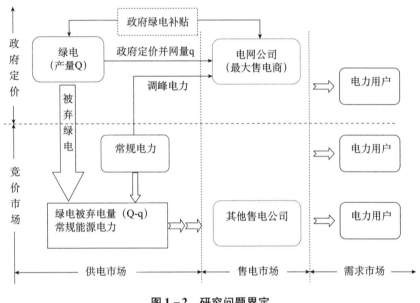

图 1 – 2　研究问题界定

资料来源：笔者绘制。

新一轮电力市场化改革的目标是构建有效竞争的电力市场结构体系，最终形成电力市场定价机制。在当前新一轮电力市场化改革后的"过渡期"形成的混合电力市场中，电网公司的自然垄断优势并未被完全打破，并仍以规模最大的售电商身份进行购电、售电业务。因此，在电力产业链上下游各方进行的电力交易中，电网公司仍具有市场势力，并将继续占据主导地位。按照"放开两头，管住中间"的体制架构，在电力市场的"供需两头"将引入市场交易，并以交易双方各自利益最大化为目标权衡电力交易价格。因此，在新一轮电力市场化改革背景下的混合电力市场，为了提高可再生能源电的市场渗透率，实现绿电最大限度地并网消纳，可再生能源的发电并网定价应基于电力供应链的协调，实现产业链各环节厂商自身利润最大化目标来确定最终的市场契约价格。基于此，本书将基于可再生能源电力供需市场不确定的前提条件，利用产业链纵向关系的价格契约理论、博弈理论、双边交易理论等经济学理论，分不同情形对绿电并网定价进行探讨，厘清可再生能源发电并网定价机制，实现增加绿电并网消纳的目标。

第二节　研究意义

新一轮电力市场化改革后，从发电计划到并网定价，政府加大了对可再生能源电并网消纳的保障力度，但在新一轮电力市场化改革后形成的混合电力市场中，政府在一定程度上放松了管制力度，电力市场运行结果不仅受政府行为影响，而且受电力企业利益最大化行为的影响。可再生能源电高沉没成本和低运营成本的成本结构特征，可以让其在与常规能源电力的并网价格竞争中具有一定优势，从而在一定程度上抵消其电力供给不稳定性带来的弊端，提高并网率，实现收益最大化。因此，可再生能源发电并网除了按照政府定价的部分以外，还会通过市场竞争机制获取更多并网量。同时，在新一轮电力市场化改革形成的"混合电力市场"中，既开放了直购电市场，构建发电商—大用户的双边市场交易模式，也允许相对独立的售电公司经营批发业务与零售业务，构建发电商—售电商—电力用户的多边市场交易模式。在不同交易模式下，电力的市场价格形成方式不同。再加上可再生能源发电产出的间歇性和电力需求市场不确定性等因素，都会对可再生能源的并网定价产生影响。由此可见，在新一轮电力市场化改革实施后，可再生能源并网问题会变得更复杂，需要借助多种经济理论及方法进行分析。本书将在可再生能源电供需不确定的前提下，以提高绿电渗透率为目标，对可再生能源电的并网电价形成机制进行研究。

一、理论意义

在中国电力行业向市场化不断迈进的关键时期，新一轮电力市场化改革的实施，使电力市场结构具有了许多新特征。这些新特征和新问题需要在电力市场化改革过程中予以解决，特别是为了提高可再生能源电的并网消纳，需要厘清绿电并网定价形成机制。在此背景下，本书将对电力市场化改革的核心问题——电价的形成机制展开研究，并重点分析可再生能源发电并网定价决策，具有一定的理论价值，具体包括以下四点。

第一，本书梳理了国内外可再生能源电力产业发展状况和国外成熟电力市场化改革的历程及其电力定价模式，不但可以很好地为中国新一轮电力市场化改革后形成的混合电力市场特征分析及可再生能源发电并网定价决策模型提供重要的现实依据和理论支撑，而且可以为中国电力市场化改革提供实践参考和展望。

第二，本书基于混合经济、混合市场等概念，将其延伸至混合电力市场，重新阐述了不同于混合市场经济的概念，为在新一轮电力市场化改革背景下准确认识中国电力市场特征提供了新思路。研究基于混合电力市场结构下的可再生能源发电并网价格机制，不仅进一步扩展了混合电力市场的相关研究内容，而且，可以为具备类似混合市场特征的其他行业的定价策略提供理论借鉴。

第三，综合考虑可再生能源发电产出的间歇性和电力市场需求的价格波动性特征，本书在可再生能源电力市场供给端引入不确定性因子及函数，在电力终端需求市场引入价格需求函数，从而在绿电发电产出和电力市场需求双重不确定性的前提下研究绿电发电并网定价问题。这对既有研究通常采用的传统报童模型来说是一次理论丰富和扩展，不但可以直接为中国可再生能源电力市场定价决策和绿电并网消纳提供理论指导，对其他相关行业的市场定价决策也具有一定的参考价值。

第四，为了促进可再生能源发电并网消纳，本书考虑电力市场开放情形，将绿电发电商作为市场主体参与市场竞争，利用不同价格契约探求使电力产业链纵向利益协调的最优契约价格，发展了供需不确定下的产业链纵向协调理论及价格契约理论；利用双边交易理论寻求绿电在双边市场交易下的定价机制，丰富了双边交易理论。同时，对纵向产业链中各方的竞合博弈研究，确定上下游利润分配和风险分担下的绿电并网价格决策，为设计基于混合市场的定价机制提供了新的视角和理论分析框架，具有一定的理论意义。

二、实践意义

本书基于中国新一轮电力市场化改革背景下形成的混合电力市场，以提高可再生能源电市场渗透率为目标，研究了可再生能源发电并网定价机制。这对中国电力改革方案实施提供了一定的理论支撑和实践借鉴，对解决绿电"三弃"问题，增加可再生能源的并网消纳，加快促进中国的"双碳"目标实现具有重要的现实意义，具体包括以下四点。

第一，电力市场化改革的核心内容是电价的形成机制设计，合理的电力价格形成机制是电力市场化改革得以顺利进行和可再生能源电力产业得以可持续发展的必要条件。本书分析了新一轮电力市场化改革中电力市场电价的波动影响及可再生能源并网定价的影响因素，以及电力价格变化对电力产业链利益协调的影响。通过此研究，厘清可再生能源电力并网电价的形成、电价波动影响机理及其传导机制，可以为中国电力改革过程中电价的制定和调整提供重要的参考依据。

第二，本书基于电力市场化条件下形成的混合电力市场，重点分析了其新的市场结构和市场运行机制特征，增强了对新一轮电力市场化改革后形成的电力市场的客观认识。本书分析了市场竞争情形下复杂的、较实际的"多对多"的市场结构运行机制和市场竞争强度变化对电力价格的影响,厘清未来电力市场的结构,为深化中国电力体制改革,打破电力市场垄断提供重要的理论指导和理论支撑。本书的研究模型分析了政府补贴、调峰成本等现实因素对可再生能源电并网电价和并网量的影响,对新一轮电力市场化改革的推行实施具有借鉴意义。针对混合电力市场中可能存在的不同交易模式,本书运用纵向价格契约理论和双边交易理论分析可再生能源电的并网定价,有助于可再生能源电力产业链的利益协调优化,厘清绿电发电并网的定价机制,最终促进可再生能源电的并网消纳,减少"弃风弃光"现象。

第三,可再生能源电力纵向产业链上各参与者的合作方式直接影响产业链整体和各参与主体的利润分享比例,从而影响电力产业链的协同效率。鉴于此,本书构建的可再生能源电力纵向协调价格契约模型为电力供应链上下游企业提供了可行的分析框架,有助于其选择合适的契约并确定最优契约参数,使电力供应链各成员的利润分享和风险分摊相匹配,进而提高产业链收益和协作效率。在此过程中,通过本书的随机动态仿真模拟分析,我们可以清楚地看到不同情景下的具体实施效果。理论模型推理加数值仿真模拟分析,可以使本书的研究结论具有较强的现实解释力。因此,本书的一系列预期成果可以为中国新一轮电力市场化改革方案的实施提供理论支撑和实践借鉴,并制定相应的完善性政策措施。

第四,电力体制市场化改革包括市场所有制改革,在国外成熟的电力市场中,如英国,也存在通过完全私有化的制度设计以彻底实现其电力工业的自由化、市场化的现象。但理性分析,电力市场化着重强调市场的调节作用,政府应放松规制,但并不是要求政府完全放弃规制。因垄断电网企业信息不对称等因素的影响,高效的规制策略,不但可以应对一般市场失灵，而且是电力技术特性所必需的。因此，电力行业的市场化改革往往需要伴随政府管理模式的变革，在可再生能源电并网过程中，政府仍发挥着重要作用。本书在不同电力市场结构、不同交易模式的模型构建中，将政府规制作为一个影响因素纳入其中，可以发现政府在可再生能源发电并网过程中的作用及政府对电价形成的影响，这可以为新一轮电力市场化改革过程中政府应扮演的角色及政府政策实施提供一定的理论指导和借鉴。

第二章 相关中外文文献研究进展

从既有研究看，随着全球环境问题和能源供需矛盾的加剧，可再生能源相关议题已成为各国政府、学界和业界广泛关注的焦点，加之电力行业的特殊重要性，绿电市场的相关问题已成为研究热点和研究重点领域。本章将先对可再生能源发电特征及市场化条件下绿电参与形成的混合电力市场进行分析；之后，从可再生能源发电并网定价政策、市场竞价交易模式、电力产业链利益协调及价格契约设计、可再生能源电力市场的供需不确定性等几个方面进行研究梳理，为后续研究提供全面、准确的理论基础。

第一节 可再生能源发电特征及混合电力市场分析

一、可再生能源发电特征

与依靠化石能源的传统能源电力相比，以风力发电、光伏发电等为代表的可再生能源发电更加清洁。但这些新能源往往受天气变化、地理资源禀赋等自然条件因素的影响较大，导致电力输出具有较大的间歇性和不稳定性，且难以预测（Chao，2011）。而可再生能源发电的间歇性及不稳定性，也成为电力系统供求不平衡的来源之一，并会相应地增强电力市场中电价的波动性（Bell et al.，2017）。因此，可再生能源电参与的电力系统正常运行时需要调度火电等其他稳定电力以弥补供求差别。在放松管制下的竞争性电力市场中，其不稳定性使可再生能源电不能根据市场信号及时调整发电量。特别是在绿电参与的电力市场，传统的需求侧管理难以实现精准响应（孔令丞等，2023）。科里等（Cory et al.，2009）指出，这种随机且不可调度的特性与电力需求相似，因此，在模型中将可再生能源发电量处理为负的需求。在构建可再生能源发电的计量模型时，学者们通过利用不同的随机变量分布拟合绿电的不稳定性。

此外，与常规电力相比，可再生能源发电的成本结构具有明显差异。可再生能源发电的投资成本占总成本的比重较大，但在电力输出过程中不存在燃料消耗。因此，其发电的边际成本很小，甚至可以忽略不计（Kong et al.，2017）。克莱斯曼等（Klessmann et al.，2008）进一步指出，经过长时间的政策扶持，风机的装机成本会大幅下降，不再是边际成本技术限制，风力发电已经步入了规模发展阶段。但因可再生能源发电的间歇性，在绿电并网时会产生消纳调峰成本。当绿电装机规模较小时，这种并网消纳调峰成本可以忽略；但当绿电装机规模较大时，可再生能源电的并网消纳调峰成本会随规模的扩大而增加，其影响也会变得很明显（Lennart et al.，2007）。间歇性的可再生能源发电因供给的不稳定性会额外增加电力系统的平衡供需成本，格罗斯和赫普顿斯托尔（Gross and Heptonstall，2006）指出，因可再生能源发电替代峰荷电量的比例远低于其所占总电量消费的比例，在使用可再生能源发电替代火力发电时，必须储备常规能源电力的产能以确保实时供需平衡，保障电网安全运行。从中国目前的可再生能源发电实际情况来看，光伏发电、风力发电等项目通常位于偏远地区，这将增加这部分电力接入电网的成本。

二、混合电力市场

混合市场概念注重市场结构形态及其运行机制。随着市场化的推进和竞争机制的引入，电力市场在改革过程中表现出日益明显的混合型特征，混合电力市场正成为一个新的研究热点。

混合电力市场的概念，在既有研究中较少出现。在国外文献中，对混合电力市场的阐述主要集中于两种视角：一种是交易模式的混合；另一种是发电能源种类的混合。

在交易模式的混合市场概念中，又存在两种不同的观点：其一，混合电力市场是包含双边交易和电力池（power pool）交易的一个市场（Geetha and Renuga，2015；Marí et al.，2017），该观点也被较多的文献所使用。基于这一市场概念，库马尔和高（Kumar and Gao，2009）对确保电力经济调度下的双边交易安全模式进行了研究；埃斯迈利等（Esmaili et al.，2013）对输电阻塞管理问题进行了研究；金（Kim，2017）则利用平行处理的方法对混合电力市场的动态市场出清进行了研究。其二，基于交易模式混合的另一种观点则认为，混合电力市场应是包含多边交易和电力池交易的市场，卡格伦等（Kargarian et al.，2012）在研究概率性无功率电力采购时，认为混合电力市场应是包含多边交易和电力池交易的市场，并且所有的交易合同都可以在这个市场中处理。

在基于发电能源种类的混合市场概念中，冈萨雷斯等（González et al.，2015）立足于电力市场中不同种类的发电能源的最优利用规模展开的研究，讨论了光伏发电和风力发电组成的混合电力系统，并推导出一套计算各种能源最优规模的优化算法。王等（Wang et al.，2019）在光照辐射和市场价格都不确定的情况下，研究了由光电和生物质能电组成的混合电力市场的运行策略以实现发电厂的利润最大化。谢等（Xie et al.，2018）研究了风力发电和常规能源发电混合的市场中，风电的最优容量投资决策和电力市场价格变化。

在中文文献中，对混合电力市场的研究成果更少，并且对其认识均建立在交易模式混合的概念之上。肖健和文福拴（2009）在由联营体交易模式和双边合同交易模式构成的混合电力市场中研究了阻塞调度问题。范江楠（2015）在优化混合电力市场供应链协调时，认为混合电力市场的交易模式是由双边合约模式和电力池模式两种模式组成的，在供应链的协调上，应将混合交易模式中的双边合约模式与电力池模式看作两个相互独立而耦合的平台。伍飞（2012）结合夏普利（Shapley）值与潮流追踪法直接研究了联营及双边交易混合模式下的输电网损分摊问题。此外，王俊芝（2013）、陈达等（2016）都针对联营交易与双边交易共存的混合电力市场对阻塞调度、碳排放流的分配等问题开展了研究。

与此同时，也有部分中文文献从不同发电能源种类的角度研究了混合电力市场问题，但关注点主要在于电力系统运行方面。罗承军等（2012）研究了风电场与抽水蓄能电站联合运行中可能涉及的发电计划制订及运行优化问题。类似地，为了促进风电场在电力市场环境下的发展，吕翔等（2014）提出了一种风—水电站联合参与电力市场优化运行的策略方法。曹宇佳（2012）根据中国多水电和火电的电力市场现状，提出一种水火混合电力系统的日有功优化调度方法，从而实现资源利用的低碳环保。为解决混合电站参与电力市场运行问题，臧海祥等（2022）基于由风电场、光热电站、生物质锅炉等组成的风电—光热—生物质混合电力市场，从混合电站的结构及运行机理出发，提出了电力市场下混合电站的鲁棒优化调度模型。

综上可知，目前既有中外文文献对混合电力市场的认识比较一致——包含不同交易模式或不同发电能源种类的电力市场。但既有研究较多围绕阻塞管理和电力容量投资等内容，包含可再生能源电力在内的电力并网定价的文献比较匮乏。

第二节　可再生能源发电并网定价政策

在发展可再生能源电力的国家（地区），基本上制定了相应的绿电发电并网的价格机制和激励政策。纽霍夫等（Neuhoff et al.，2008）指出，在强制并网电价政策下，政府为绿电提供保障性并网价格，可再生能源发电商可以完全规避市场风险，这对于可再生能源发电投资的起步阶段是非常有利的。绿电并网激励政策有利于更多地引入支持可再生能源技术的工具，并且所有的市场政策和金融激励都是为了确保对可再生能源电的长期需求（García，2013）。莱格威兹等（Ragwitz et al.，2007）在分析欧洲不同国家电力市场机制的有效性时，认为可再生能源的成功利用在很大程度上受到电力市场设计及其与政府激励政策之间的相互作用。此外，在比较政策的研究分析中，既有研究基本上都是分析支持性政策。其中，应用最广泛的并网激励政策是在欧盟各国流行的强制并网固定电价政策（Campoccia et al.，2009），其他如可交易的绿色证书机制及绿电配额制也都对可再生能源参与的电力市场发展起到了正向促进作用（Falconett and Nagasaka，2010）。除此之外，税收激励（Bolinger，2009）、现金激励（常见有"回购""折扣""返利"等形式）更是直接通过减少可再生能源发电投资成本的方式为可再生能源发电投资提供了积极支持。

从长期来看，随着可再生能源电的大规模投产利用，其将会影响电力市场价格并受该价格影响（Hiroux and Saguan，2010）。多米尼克（Dominique，2003）将可再生能源发电定价政策划分为以数量、价格为基础的两种类型。加西亚（García，2013）也提出强制性的市场政策应包括数量和价格两方面：数量方面主要是配额制，是为了增加可再生能源的装机容量和总电量负荷的百分比；价格方面是通过证书市场或竞标市场的竞争达到成本降低的创新，设定一个稳定且足以覆盖其高成本的高价格以减少其不确定性损失，主要包括强制并网定价和溢价补贴政策。波洛和哈斯（Polo and Haas，2014）研究了光伏发电并网的激励政策，认为主要有两种激励政策：强制并网电价和投资补贴，这两种机制及其组合都可以提高光伏发电的市场渗透率。詹努齐和梅洛（Jannuzzi and Melo，2013）在研究巴西的分布式光伏发电并网问题时，提出净计量[①]（net metering）补偿机制，相较于现金激励政策和强制并网价格政策，该机制是最优的激励政策，而三者之间，强制并网价格政策的激励效果最差。

　　部分中文文献对可再生能源的激励并网定价政策进行了研究。李星光和武春友（2008）指出，激励政策主要是以价格为基础的固定电价政策、以数量为基础的配额制政策和竞价上网政策，这种观点与多米尼克（2003）和加西亚（2013）的观点一致，并且，上述文献也认为这三种政策都是强制的市场政策。但对于上述三种政策，竞价上网政策没有设定可再生能源电力产量的具体限制；可交易绿色证书政策的初期形式——配额制，虽然对电力产量有要求，但具体可再生能源的电力价格仍受到政府管制，此外，绿色证书交易也是通过在"绿证"市场上实际的供求确定价格，因此，这三类政策实质上是没有区别的（黄珺仪，2011）。曾鸣等（2012）、田立新等（2013）分别运用实物期权投资决策模型，研究了电价政策补贴对风电投资决策的影响。在此基础之上，李庆和陈敏（2016）运用实物期权理论实证分析了中国风电固定上网电价政策对风电投资决策的效果，结论认为固定上网电价政策给投资者提供了明确的价格信息，投资者不需要担心价格波动带来的收益不确定性，该电

[①]　净计量（net metering）是一种有效的资源使用和支出计费安排，在此过程中，用户生产电力，以在其支出上获得一定程度的补偿。具体来说，净计量来自电力公司，电力公司允许用户使用太阳能电池板等可再生能源发电并将多余的电力反馈给电网。在净计量计划中，若用户使用的电能低于其生产的电能，电力公司允许用户的电表回调，即用户在付款时只需要支付其中的电能净差额。

价政策虽然保障了发电企业的稳定收入，但是不利于可再生能源发电企业进行技术创新及降低投资成本，会导致可再生能源发电项目生产效率降低。

可见，在可再生能源发电的起步阶段，特别是在绿电发电技术还不成熟时，虽然会受到政策不确定性的负面影响（Paolo，2007），各国可再生能源的并网定价还是会采用强制并网固定电价政策，以激励可再生能源的发展。以中国风电为例，入网电价政策经历了完全竞争上网（20 世纪 90 年代初至 1998 年）、政府审批电价（1999 ~ 2003 年）、特许招标和审批并行（2004 ~ 2005 年）、招标电价（2006 ~ 2009 年）以及固定上网电价（2009 年至今）五个阶段（李庆和陈敏，2016）。2017 年 7 月，随着第一批可再生能源绿色电力证书（简称"绿证"）的认购申领，宣告中国可再生能源绿色证书交易制度开始试运行，这也是新一轮电力市场化改革提出构建竞争性的电力市场后实行的重要一步。但应该看到，尽管中国的风力发电规模和太阳能光伏发电规模在全球已处于领先地位，但仍存在"高装机量，低发电量"和高"弃风弃光"率的现象，主要原因在于绿电低效运行和并网难（Wang et al.，2010）。这就要求提高并网定价政策框架的完善性（Martinot，2010），建立基于协调的政策浮动制度，达到刺激可再生能源发电和稳定电网供求之间的平衡（Muñoz et al.，2007）。

第三节　市场机制下电力并网竞价的不同交易模式

当前，在市场机制下的电力交易模式主要有双边交易模式和日间/日前交易模式等。虽然以日间/日前交易为主的电力现货市场可以体现电力的真实价值，但因电力系统负荷具有波动性，电力市场中的交易主体随时面临着价格波动带来的风险。因此，远期双边交易具有重要意义，其既可以有效地降低并规避价格风险，也可以平抑市场势力（Höffler and Kranz，2015）。在双边交易模式下，电网退出定价系统，可再生能源发电商根据双边合同售电给用户，直接面对用户需求的不确定性，此时绿电供给的间歇性不仅影响发电成本，而且影响实际用电需求。因此，电量规划合理与否直接关系到可再生能源投资商的收益和弃电量，从而影响发电商的利润和发电量决策（Butler and Neuhoff，2008）。此外，也有学者提出，虽然合约的谈判过程很复杂，但双边合约对市场参与者而言是一项重要的风险对冲机制（Yu et al.，2013）。

双边交易的过程其实就是交易双方利益博弈的过程，在既有外文文献中，关于电力市场双边交易主要围绕着发电商报价策略（Song et al.，2002）、电力公司购电计划（Alvarado，1999）、发电电厂市场势力（Overby，1999）等方面展开研究。马汉和坎加瓦里（Mahan and Kangavari，2007）在研究双边交易时，提出了基于多代理的兼顾策略和公平性的谈判机制。马特乌斯和库尔沃（Mateus and Cuervo，2009）则从购电商的角度探讨了双边交易谈判策略。哈提卜和加利亚娜（Khatib and Galiana，2007）指出，虽然与电力现货市场上电力价格的不确定性相比，远期双边合约具有一定优势，但是远期双边合约的签订价格也可能给某一合作者带来与电力现货市场价格相对不利的后果。基于此，该文献提出了一套系统的双边市场谈判机制，以使双方都可以在风险可容忍的范围内达到互利。邦帕德等（Bompard et al.，2011）则研究了在不完全信息下的双边电力市场的市场均衡问题。

中文文献主要针对大用户直购电模式下的双边交易策略和电价机制进行研究。邹小燕和王正波（2005）基于鲁宾斯坦讨价还价模型建立了不完全信息下大用户直购电模式的双边博弈策略模型，认为协议达成主要取决于交易双方的谈判成本及交易对手对实时电价预期的估计。邹小燕（2007）在后续研究中探讨了合同的有效谈判区间，并分析了合同数量与合同价格的关系。方德斌和王先甲（2005）在完全开放双边市场假设前提下，通过构建大用户直购电模式下的不完全信息贝叶斯博弈模型探讨了交易双方的均衡报价策略。谭忠富等（2009）将贝叶斯学习模型引入多智能体代理技术的电力双边谈判中，同时考虑谈判环境的模糊不确定性，分析了双边谈判的点报价策略和区间报价策略。陈向婷（2011）在市场环境和市场信息的不确定性下，通过引入模糊理论分析了双边交易中购电商的竞价策略。李晓彤等（2014）通过建立基于博弈论的跨区域电力交易均衡模型，分析了跨区域电能交易中各方的均衡问题。曾鸣和贾卓（2011）在考虑电网和发电企业收益最大化的目标下，构建了双边交易优化模型，并分析了可再生能源电力双边合约形成机制。

由此可见，在关于双边交易市场的研究中，基于非合作博弈理论，既有研究主要聚焦于大用户直购电模式下的价格形成及策略决策，并认为高的谈判成本增加了电力交易的不确定性（汪朝忠，2016）。对于合作博弈在电力市场交易中的应用，主要集中于成本分摊、费用分摊等方面。如艾哈迈德和卡蒂克扬（Ahmed and Karthikeyan，2016）分析了放松规制的电力市场中发电商也参与传输损失的分配问题；陈琳等（2011）、鞠彦忠和刘磊（2013）都运用合作博弈成本分摊理论分别研究了电力系统容量分配问题和机组启动成本的分摊问题。而且，在既有研究中，学者们一般研究一家发电商和一家购电商进行电价博弈的过程，没有过多考虑交易者在交易前的对象选择问题，而双边电力市场的交易往往是多个发电商和多个购电商共同参与的。

在电力市场交易中，日间/日前交易也是一种重要的交易模式，特别是平衡市场的实时交易是一种重要的交易辅助形式。在国外，特别是竞争性电力市场发展相对完善的国家，电力池（power pool）是这种交易模式可以成功实施的一种交易市场形式。祖哥诺等（Zugno et al.，2013）将发电商看作日前市场的价格接受者和平衡市场的价格制定者，并分析了发电商在电力池系统中的决策行为。佩普等（Pape et al.，2016）指出，随着不稳定的可再生能源电在电力市场中的增加，日间实时交易将变得越来越重要。齐尔等（Ziel et al.，2015）通过分析欧洲电力交易所绿电日间电价交易，发现绿电已经成为电价定价机制的新生力量。帕拉斯基夫等（Paraschiv et al.，2014）通过分析欧洲能源交易所日前电价研究绿电对电价的影响，发现混合了绿电和火电的电力生产，绿电能起到降低电力市场现货价格的作用。也有学者在单边拍卖的日前批发电力市场运用代理模型对不确定的风电价格进行了预测，结果证明风电渗透率的提高可以降低电力市场的价格出清水平（Li and Shi，2012）。不同于传统研究中只考虑能耗工业和大用户才具有电力需求响应改变自身消费决策的能力，阿永等（Ayón et al.，2017）指出，小的消费群体也有这种能力，并基于总需求变动的前提下，分析了日前市场中最优的电力负荷调度。

中文文献对实时电力市场的研究，较早关注的主要是动态阻塞管理（张永平等，2004；郭磊，2005；张涛等，2008）、实时优化调度（周劼英，2005）、市场运营模式（王永福等，2002；尚金成等，2006）等问题。近几年，才有中文文献开始研究实时电力市场的价格相关问题。高小龙等（2018）指出，实时电价在智能电网的需求侧管理中可以有效地提升社会福利总体水平，但往往忽略了各参与方的效用均衡性。周鑫等（2021）通过设计中国西北省（区）间实时平衡电力市场，提出了基于市场耦合方法的市场竞价出清模型，最终证明通过西北地区省（区）间实时平衡市场与西北地区省（区）内实时市场的协同运作，可以降低西北地区省内（区）实时市场负荷高峰的电价水平，并促进新能源的消纳利用。况夫良（2022）分析了电力市场环境下峰谷分时售电定价方法。王珂珂（2021）针对新能源参与对电力现货市场影响、新能源发电功率预测与电力现货市场电价预测、新能源的中长期合约与现货日前市场的衔接与出清机制、电力现货市场各阶段市场的衔接与出清机制、碳交易权市场与电力现货市场的耦合机制等方面展开了研究。针对实时电力市场中电量需求和价格双重不确定性的市场风险,詹祥澎等(2022)提出了一个考虑实时市场联动的电力零售商鲁棒定价策略模型,该模型综合考虑电力零售商日前定价、日前购电、实时能量管理、电动汽车用户需求响应和电力市场统一出清价格等因素,结果表明所提出的策略运用对冲机制降低了市场风险,可以提高电力零售商的经营效率。

综上所述,当前中文文献研究了市场机制下不同的电力交易模式,并形成了相对丰富的研究成果。但现实情况是,电力市场的竞价并网并非只存在一种交易模式,市场交易是多种交易模式共存,即混合的并网竞价交易模式(Geetha and Renuga,2015;Verma and Sharma,2015;Marí et al.,2017)。如王先甲等(2017)研究了生产商规模不经济的双渠道供应链协调策略选择,为电力交易不同模式——批发和零售、集中和分散的最优定价契约决策提供了可行的思路。冯永晟(2022)基于经典峰谷定价理论和不确定性容量(产能)投资理论,从备用容量的公共品属性和高可靠性的质量溢价入手,分析了针对备用容量的规制定价政策如何影响社会最优政策组合,提出了安全价值分时定价理论以解决安全价值悖论。但是,出于中国电力市场竞争性水平限制的实际情况,也只提出电价交易模式下价格机制的一些研究思路,能作为主流观点或权威表述的结论较少。而且研究主要集中于双边交易,针对实时交易的研究较少。

第四节　电力产业链利益协调及基于产业链
纵向关系的价格契约设计

一、电力产业链的利益协调

以风电和光电为代表的可再生能源电力,因地理资源禀赋和气候等自然条件的影响,其电力产出具有间歇性、不稳定性的特征,电力供应量具有较大波动性。这将造成并网前平滑波动的成本，即并网消纳成本，并且会随着绿电并网规模的增大而增加（Geman and Roncoroni，2006）。因此，可再生能源电力并网规模的扩大，必然增加下游电网公司的建设投入（Weijde and Hobbs，2012）。此外，间歇性的绿电不能直接调度（Henriot，2015），只能通过可调度的常规能源经过调峰以平衡市场电力供需（Green et al.，2008）。因此，绿电的并网消纳也会增加电价的波动性（Ketterer，2014）。为保证电网公司有足够动力接收绿电并网，需要改变并网定价机制，并通过补贴电网公司的方式以确保其并网配置能力得到提升（Joode et al.，2009）。但既有研究表明，基于行业基准效益率的补贴会产生较高的政策代价（Lesser and Su，2008）。因此，从传统能源电力中获取可再生能源发电基金以补贴并网成本具有重要意义（Mihajlov，2010），这在西班牙可以成功执行欧盟可再生能源发电指令的案例中得到证明（Río，2005）。而且，中文文献也证明，电力市场化改革中市场监管办法的实行和国家电力监管委员会等职能部门的成立对电力产业链运营绩效的影响并不显著，反而是行政部门的取消和产业结构重组对电力产业链绩效具有显著的正面效应（郁义鸿和张华祥，2014）。因此，在混合电力市场中，可再生能源发电并网定价问题必须从电力产业链整体考虑。

李昂（2014）指出，大用户直购电模式可以对电网公司的市场势力产生削弱作用。随着市场化电力体制改革的进行，这种产业链的纵向分离关系和契约理论开始被引入电力行业定价研究中。产业链纵向分离规制理论涉及的产业中的竞争和垄断研究成果，在可再生能源发电纵向产业链中同样适用。早在20世纪80年代初，美国电信行业和英国电力行业已实行自上而下纵向分离的市场化改革，开启了对纵向交易关系理论的相关研究（Grossman and Hart，1986）。在纵向分离的情况下可选择长期契约，这意味着更高水平的承诺可以为交易提供更好的保障（Joskow，

1985）。菲农（Finon，2008）指出，电力市场垂直整合下的长期合约是分散投资风险的有效方案。布拉甘查和达格利什（Bragança and Daglish，2017）指出，电力行业最大的特点是垂直一体化，垂直一体化可以对冲电力零售市场的价格波动风险。而且，只有在引入资产专用性的条件下，交易主体不需要借助交易平滑消费时，短期契约才与长期契约具有同等效率（Crawford，1988）。在投资收益不能完全内化的情况下，事前专用性投资必然是不足的（Hart and Moore，1988）。为了弥补契约不完全的缺陷，如果对投资方进行期望损失补偿或信任损失补偿，那么，会导致过度投资（Rogerson，1984）。蕾伊和莎兰妮（Rey and Salanie，1990）比较、分析了信息状况、契约承诺等因素对契约效率的影响。电力部门是影响国民经济发展的重要部门，与政府存在委托—代理关系，并扮演着政府政策执行者的角色。因此，可以通过引入资产专用性投资者获益的方式，在电力市场交易主体间建立长期契约关系，至少可以降低电网公司"弃风、弃光"的可能性。

中文文献关于产业链纵向关系和契约理论的研究中，郁义鸿（2006）较早地总结了产业链纵向关系的相关文献，提出了扩展的产业链纵向关系的 SCP-R 范式，并论证了基于产业链纵向效率的规制，为产业链纵向分离下对价格契约的规制研究提供了重要借鉴。于立宏和郁义鸿（2006）研究了需求波动下的煤电纵向关系，提供了发电并网价格的最优规制理论框架。孔令丞（2012）在研究循环经济链过程中，提出了基于上下游交易的电力现货市场和电力期货市场两类市场，研究了需求偏好条件下交易双方最优契约的决策优化，为产业链上下游的契约交易提供了新的思路和方法。此外，孔令丞（2012）还运用合同理论研究了供应链的定价策略。曾志敏和宋雅琴（2012）指出，风电的资产专用性和交易不确定性产生的高额交易成本，是导致风电难以在市场价格机制下自我发展的关键原因。吴文建等（2013）指出，可再生能源发电成本是影响供应链收益分配的关键因素，政府定价或政府定量并不能保障收益分配的合理性。黄守军等（2014）通过研究碳减排目标约束下的发电商与电网公司的纵向关系，认为分散决策会导致纵向竞争，合作博弈有利于提高电网购电价。张粒子（2016）总结了输配电的纵向价格改革问题，为电价机制研究提供了指导意见。张鹏昊和高霄航（2022）在电力市场环境下研究了基于激励相容与收益保障的输配电网定价机制问题。这些理论研究为绿电产业链纵向关系和绿电上网竞价机制设计提供了可供借鉴的思路。

二、基于电力产业链纵向关系的价格契约设计

因电力产出的不稳定性，可再生能源发电并网需要常规能源电力的调峰。电网公司作为政府政策的执行者，和政府之间具有委托代理关系，因此，在基于电力产业链契约考虑绿电并网时，应包括绿电发电商、传统能源发电商、电网公司和政府等。既有研究已经证明，很难仅依靠政府补贴政策解决可再生能源的并网问题（林伯强等，2014）。可再生能源发电具有显著高的装机成本（即沉没成本）和低运营成本的特征，低运营成本优势和政府定价的支持，确保了绿电较大的获利能力，也增强了其与常规能源电力竞争的能力。因此，为了避免被放弃的厄运，可再生能源发电商会愿意向下游环节厂商让渡部分利润以换取更多并网机会。由此可见，可再生能源电力实际执行的并网价格并不完全执行政府定价，实际上是在政府的限定价格内，供应链上下游各方利益协调之后形成的各自利润最大化的契约价格。产业链的利益协调是产业链各环节参与主体实现合作的基础，利益协调的目标是在兼顾个体利润最大化的基础上提升产业链整体效率，实现供应链整体利益最大化。实现纵向产业链利益协调的重点是找到或设计一种有效的激励性契约机制，在产业链中独立个体追求自身利益最大化目标的同时达到整体最优（陈长彬和杨忠，2009）。

在供应链利益协调理论的研究中，最常用、最经典的分析方法，就是报童模型（newsvendor model）及其相关扩展模型。绿电发电并网问题，关键是要找到满足绿电产业链各参与主体利益最大化的最优合约电价和最优合约电量，这与报童模型的求解问题有许多相似之处。报童模型一直是优化管理的研究问题之一，该模型可以有效地解决双边交易中的最优定价问题和最优定量问题（Luo et al.，2016）。其中，阿里坎和费廷格（Arikan and Fichtinger，2017）分析了风险规避条件下的报童问题，并对该类问题进行了分类研究和扩展研究。

产业链利益协调的实现方式，往往通过对不同合约的设计。卡松和拉里维尔（Cachon and Lariviere，2005）较早论证了收益共享合约在上下游个体间实现利益协调的有效性，并指出该类合约的适用条件：当供应商的监督成本高于合约带来的收益，以及零售商的努力水平可以影响市场需求变化时，收益共享合约无效。在此基础上，收益共享合约被越来越多地运用于供应链的协调管理问题中。阿拉尼等（Arani et al.，2016）证明了收益共享合约可以显著降低双重边际效应，并增加供应链利润。哈里什和拉尔夫（Harish and Ralph，2011）指出，传统静态的收益共享合约不能协调下游的动态竞争性，福阿德和康斯坦丁（Fouad and Konstantin，2013）则将动态性纳入收益共享合约并研究了其在完全信息和对称信息下一对一产业模式中的协调作用。胡等（Hu et al.，2017）通过收益共享合约研究了多对一的供应链结构中的价格和产量的订购策略。李等（Rhee et al.，2014）从多方参与视角，帕苏利德赛（Palsule-Desai，2013）从多期收入视角，均构建了收益共享合约的供应链协调模型。在电力市场，黄凤莲（2021）在传统交易模式和大用户直购电交易模式下，构建了由可再生能源发电企业、火力发电企业和电网企业组成的电力供应链决策模型，分别研究了集中决策与分散决策情形下电力供应链的最优决策问题。该文献认为，在传统交易模式下，数量折扣＋成本分摊组合契约能实现电力供应链的完全协调，且在一定条件下各主体均能实现帕累托改进；而在大用户直购电交易模式下，数量折扣＋成本分摊＋收益共享组合契约无法实现电力供应链的完全协调，此时，满足一定补偿条件的数量折扣＋成本分摊＋收益共享组合契约才能使电力供应链各主体均接受该契约，以实现电力供应链的完全协调。

在既有研究中，收益共享合约运用范围广泛（Panda，2014；Qian et al.，2013；顾波军等，2016），类似地可运用到电力产业链上，根据电力行业的特性，研究发电企业与电网的利益协调有益于解决可再生能源并网的困境，这在外文文献中已有先例。有文献一直致力于通过模拟方法研究欧洲电力市场交易问题（Bunn and Oliveira，2001，2003），在由电力现货市场和电力期货市场构成的电力市场中，同时存在电力池交易模式和双边合约交易模式的前提下，奥利维拉等（Oliveira et al.，2013）研究了不同合约模式的特点并进行了对比分析，最后，根据西班牙的实时电价进行了模拟实验。为缓解煤电冲突，戴宇等（2010）基于包含燃料供应、发电、输电、售电至用电的电力供应链，提出了基于收入共享契约的电力供应链协调模型，并求得供应链系统最优解及达到供应链整体绩效最优的个体收益共享分配比例。朱等（Zhu et al.，2019）针对单一主导型售电商、不同发电能源种类的供电商组成的"多对一"两阶段的电力供应链，运用收益共享契约机制构建了多方合意的供应链协调模型，发现收益共享契约机制不仅可以实现电力供应链上下游各方利益的帕累托改进，而且可以有效地提升可再生能源电的并网消纳量。

第五节　可再生能源电力市场的供需不确定性

在可再生能源电力市场，绿电产出在面临不确定的同时，还要面临电力市场需求因价格波动带来的不稳定性。因此，与只包含传统能源电力发电商的电力产业链系统不同，可再生能源电力产业链需要面对电力供给和电力需求双重不确定性的问题。

针对供应链的供需不确定性，萨米和库韦利斯（Sammi and Kouvelis，2014）在只有产出不确定的条件下，尝试运用偿还型收益共享合约解决供应不足问题、供应过量问题。何和赵（He and Zhao，2012）考虑了一个包含供应商、制造商和零售商在内的三阶段供需均不确定的供应链市场，证明一般批发价合约无法实现供应链利益协调，只有批发价合约（供应商和制造商签订）结合回购策略（制造商和零售商签订）时才能实现双赢。胡等（Hu et al.，2013）研究了随机供需条件下的柔性订货策略。古勒尔（Güler，2015）和吉里等（Giri et al.，2016）均以装配制造业为例，研究了需求和产出同时随机情况下运用不同合约协调供应链。胡和冯（Hu and Feng，2017）研究供需不确定的供应链利益协调时发现，相较于供应确定的情形，供应不确定时，供应链的最优供应量会更低，供应商也会给采购商提供更高的收益共享比例或更高的批发价格。

在当前电力生产技术水平下，储电技术尚不足以支持电力通过大规模储存以平衡供需不确定性带来的影响。不过，部分既有研究考虑了绿电发电的间歇性问题。屈少青等（2011）研究了不确定需求下基于电力供应链协调的发电商的回购策略。刘等（Liu et al.，2016）以中国的光伏发电为例，考虑了光电的间歇性特征，运用不同模型比较了固定电价政策对光电电力投资的影响。孔等（Kong et al.，2017，2018）针对绿电供给量和市场价格的双重不确定性，对绿电容量投资进行了研究，认为绿电市场需求的不确定性主要由绿电价格波动引起。谢等（Xie et al.，2017）在可再生能源电力市场供需不确定条件下，借鉴斯塔克尔伯格（Stackelberg）模型研究了绿电发电商面对多处选址的容量投资决策。但是，既有研究大多假设并网电价是固定的。在此基础上，朱等（Zhu et al.，2021）针对多个发电商和多个售电商组成的"多对多"型电力供应链系统，同时考虑可再生能源发电产出和电力需求的双重不确定性，较早通过分别构建批发价合约决策模型和收益共享合约决策模型，探究了竞争性的混合电力市场中可再生能源发电并网定价策略问题。并发现收益共享契约机制不仅可以有效地提升可再生能源电的并网消纳量，而且可以实现混合电力供应链上下游各方利益的帕累托改进并提高社会福利；在引入竞争机制后，上游供电市场和下游电力需求市场的竞争环境都会对收益共享合约比例的大小产生影响，并且市场竞争强度的提升，可以在一定程度上减轻电力供应链利益协调压力，促进收益共享合约的达成。李晨晨（2021）研究了考虑新能源波动特性的电力市场定价方法，其从节点电价概念出发，分析新能源波动特性对节点电价的影响机理，并进一步提出考虑调度时段内新能源快速波动特性的定价方法，以更精细的价格信号引导市场资源优化配置。

在相关中文文献中，马士华（2010）和凌六一等（2013）研究了在产出或需求不确定的情况下，供应链的风险共担协调机制。桑圣举等（2009，2010，2013）和王宁宁等（2015）在模糊需求下研究了供应链的收益共享契约协调机制。庞庆华等（2015）提出，运用基于数量折扣策略和纯粹形式的两种改进的收益共享契约，可以对抗由突发事件引起的市场需求变化的影响。张文杰和骆建文（2016）研究了随机供需下"一对一"的两级供应链系统中的期权契约问题。赵霞和吴方卫（2009，2014）也在随机供需条件下探讨了供应链协调，结果显示分散决策下收益共享合约无法实现供应链协调，并提出了改进的收益和产出风险共享合约。魏玉莲和胡鑫（2023）考虑了主导供应商与追随者零售商组成的生鲜农产品双渠道供应链系统，在零售商公平关切的情况下，构建集中式、分散式及收益共享契约下的生鲜农产品双渠道供应链决策模型。该文献认为，采用分散式决策无法促进渠道成员的收益协调，在合适的契约参数设置下，收益共享契约机制可以取得和集中决策时一致的供应链收益水平，实现帕累托改进。

综合来看，虽然对供需不确定问题的研究主要集中在装配制造、农产品等行业，但在电力行业研究中，该问题也越来越被重视并运用不同方法予以解决。但美中不足的是，在一些涉及可再生能源电力市场产出和需求不确定性的研究中，学者们极少考虑电力供应链的并网定价机制问题。基于此，本书将在绿电发电产出和电力市场需求双重不确定性的前提下，研究电力供应链发电并网定价问题，以期扩展对电力供应链价格策略问题的研究。

第六节　本　章　小　结

通过既有研究发现，可再生能源电力市场的相关问题已成为研究的重点领域，与此相关的研究成果日益丰富。但是，因绿电的特殊性及并网复杂性，对绿电发电并网定价的研究总体上仍比较匮乏。基于既有研究，本书可以得到以下三点结论及需要继续探讨的问题。

第一，关于可再生能源电的中外文文献越来越多，并呈现出研究视角、研究方法等方面的多样性。既有对绿电发电特征、上网定价政策的定性分析，也有对电力市场的市场交易、阻塞管理、容量投资等方面的实证分析，研究方法主要包括博弈论、模型数值模拟及案例分析等。

第二，对于电力市场定价问题，既有研究较多集中于上网定价政策的定性角度分析，主要研究各种定价政策对可再生能源电力发展的有效性。对于电力市场竞价上网，研究了不同模式下的竞价机制，并且国内学者主要聚焦于"一对一"市场结构下大用户直购电模式下的电力交易策略问题，对实时交易的研究及不同交易模式的对比研究和混合研究较少。

第三，基于纵向产业链的利益协调及契约理论，被越来越多地用来解决电力最佳订购价格和电力产量问题。在既有研究中，将价格契约理论运用于电力产业链的分析还比较少。但是，越来越多的相关文献见诸中外期刊。可见，该理论方法对于电力产业供应链的协调运用前景广阔。另外，从既有研究的产业链系统或市场结构模型来看，大多数是针对"一对一"或"多对一"组成的供应链系统，这给市场中存在的"多对多"的产业链系统研究带来了一定局限性。此外，在既有研究和实践中，报童模型理论可以解决需求不确定条件下的订货决策问题，但没有涉及供给的不确定性。与只包含传统能源电力的电力产业链不同，绿电供应链需要面对电力供给和市场需求的双重不确定性，这也是亟须解决的一个难点问题。

第三章 可再生能源电力产业发展现状

为了清晰地了解可再生能源电力市场的发展状况，本章首先系统回顾了国内外电力行业市场化改革的发展历程，特别是对中国的电力市场发展路径从时间维度进行了分阶段梳理；其次，基于电力产业发展及市场化改革对电力市场结构的影响，根据电力市场化发展实践，着重归纳分析了市场化进程中出现的垂直垄断、买方垄断和售电侧竞争的三种电力市场模式；最后，通过数据统计，详细梳理分析了全球及中国的可再生能源电力产业发展现状。

第一节 电力市场化改革发展历程

通过对国外成熟的电力市场化改革发展进程的回顾和总结，以及对中国电力工业发展及市场化过程的梳理，可以为混合电力市场中可再生能源发电并网定价决策模型提供理论支撑，并为中国的电力市场化深入改革提供参考和展望。

一、国外电力市场化改革发展借鉴

成熟的电力市场都经历了市场化改革的过程，国外对电力工业进行市场化改革较成功的国家（地区）有北欧地区、英国和美国等。总体来看，国外电力市场化改革的共同之处是在发电侧、输配电和售电市场都实现了竞争，长期电量通过双边市场、柜台交易（OTC 市场）和金融市场等市场形式进行交易，现货电量则通过电力现货市场或日前市场进行交易，同时辅之以平衡市场或日间市场以调节实时电量平衡。

（一）英国电力市场

从全球范围看，1989 年开始于英国的电力市场化改革是影响最为深远的（李果仁，2009）。当前，英国已成为欧洲甚至全世界电力行业市场化改革最成功、最彻底的国家。在电力市场化改革之初，英国的电力行业市场结构也是垂直垄断的。按照 1957 年英国颁布实施的《电力法》①，英国境内不同区域的发电、电力输配及零售等环节均由中央电力局（CEGB）等相应国家机构处理。与此同时，英国电力委员会负责相关政策、法规的制定及协调其他事务。这种国有垄断的电力市场格局，一度使得英国的电力市场非常缺乏竞争活力。

1989 年，英国政府制定并颁布了新的电力法。该法案制定了电力产业链纵向分离的改革目标，并希望通过私有化手段彻底实现电力行业的自由化、市场化。伴随该法案，一系列举措得以实施，这标志着英国电力行业的市场化改革序幕正式拉开。总体来看，英国电力行业的市场化改革，大致经历了以下四个标志性阶段。

第一阶段的标志是，英国电力市场建立了强制电力池模式。1990 年，英国将中央电力局分解，重组成立了新的国家电网公司（National Grid Company，NGC），并以此为依托创建了电力池模式。在电力池模式下，之前由中央电力局统一运营的发电环节、输电环节和配电环节被纵向分解。发电侧成立了国家电力公司、国家电能公司和国家核电公司三家独立经营的发电企业，以及一些独立的私人发电企业。其中，国家电力公

---

① 国家电力监管委员会编. 美国电力市场［M］. 北京：中国电力出版社，2005.

司和国家电能公司还在 1992 年进行了私有化股份制改革，政府只拥有 40% 的股份（曾鸣等，2009）；中间输电环节由国家电网公司承担，该公司于 1995 年底进行了股份制改革，并与一家天然气公司合并为国家电网天然气公司；配售电环节新建了 12 家完全私有化的地区电力公司，负责配送电力及售电给电力用户。强制电力池模式打破了中央电力局的电力垄断，建立了竞争性的发电市场，实现了电力生产、电力配送与电力销售的纵向分离。在国家电网公司负责的电力池模式中，发电企业、电力配送企业、售电商及电力用户的电力生产、购售活动都必须在强制电力池中进行。电力池模式给英国的电力市场带来了活力，竞争增强，发电量增加，电价降低。但这一模式也慢慢暴露出了一些问题：电网公司职能过于集中，管理制度缺乏灵活性，不利于公平、公正；该模式呈现卖方市场的特征，电力定价过程缺乏竞争性，主要以集中竞价为主，缺少需求用户的参与；电力负荷预测与市场电价关系不紧密，缺乏供电保障等。

针对强制电力池模式的局限性，英国于 2001 年开始了第二阶段电力市场化改革。这次电力市场化改革的标志是，英国建立了新电力交易制度模式（new electricity trading arrangements，NETA），即 NETA 模式。在这一新的电力市场交易制度模式下，英国的电力市场进一步开放，市场竞争也进一步强化。以电力交易商之间的双边合约交易为基础，新电力交易制度模式构建了一个包含远期合同市场、期权期货市场、短期双边市场及平衡市场在内的更加复杂、全面的电力交易系统。在 NETA 模式下，英国国家电网公司的职责相应发生了一些变化，其不再负责电力运行交易，只是负责电力实时调度和阻塞调度的平衡管理。同时，在 NETA 模式下，电力输配、销售业务被彻底分离。并且，所有规模的电力用户都可以自由选择自己青睐的售电商，真正实现了在售电侧的完全竞争。总之，英国电力市场的 NETA 模式极大地改进了原有的强制电力池模式，有效地促进了英国电力行业的竞争，提高了用电效率，电力市场价格进一步降低。

　　在前两阶段电力改革的基础上，2005 年英国电力市场开始了第三阶段改革。在此之前，英国电力市场化改革取得显著成效的 NETA 模式仅在英格兰地区和威尔士地区实施，而苏格兰地区的电力市场仍由两家垂直一体化的电力企业垄断运营，因缺乏竞争和电力供需不平衡等问题，该地区的电价水平仍然较高。为了在全国范围内实现电力资源的有效配置，英国天然气和电力市场办公室（Office of Gas and Electricity Markets，Ofgem）提出要将 NETA 模式推广到整个英国电力市场，构建统一的英国电力交易和输电协议（British Electricity Trading and Transmission Arrangements，BETTA），即电力市场 BETTA 模式。在 NETA 模式基础上 BETTA 模式更加强调促进英国电力市场的统一，苏格兰地区的电力企业得以进入整个英国电力市场的竞争环境中，可以自由地和英国其他地区的电力企业进行交易。BETTA 模式构建了英国统一的电力交易结算系统，消除了电力跨区交易的障碍，使英国电力市场更加开放，英国电力系统得以实现统一运行。因为 BETTA 模式主要是将 NETA 模式在英国范围内统一推广，所以，也有学者将这两次改革认定为一次电力市场机制改革。

　　经过前三阶段的电力工业市场化改革之后，形成了当前英国高效运行的电力市场结构。但随着全球气候和能源环境的变化，特别是可再生能源电力越来越多地进入电力系统，当前的电力市场机制已无法满足未来能源需求的变化。早在 2010 年，英国已开始尝试寻求进一步实施新的电力市场化改革方案，旨在加快推进可再生能源政策和低碳电力的发展。2011 年 7 月，英国能源与气候变化部（Department of Energy and Climate Change，DECC）发布了《规划我们的电力未来：关于发展安全、价格适宜和低碳电力的白皮书》（*Planning our Electric Future：A White Paper for Secure，Affordable and Low-carbon Energy*）[①]，详细规划了英国发展低碳电

---

　　① https：//www.gov.uk/government/publications/planning-our-electric-future-a-white-paper-for-secure-affordable-and-low-carbon-energy.

力的时间方案，开启了英国电力市场化改革的第四阶段。2013 年，DECC 正式发布了电力行业进行市场化改革的具体实施计划及相关草案，并于 2014 年正式立法实施。其中，英国新的电力市场化改革政策将差价合约和容量市场引入电力市场，其主要目标是更好地推动低碳电力的发展，保障电力长期供应安全及减少长期电价波动风险并降低消费者电费支出（冷媛等，2014）。同时，对于上网电价，新的改革方案确定了基于差价合约的长期合约电价，即当市场批发电价低于合约电价时，由政府对发电商进行相应的差额补贴，而当市场批发电价高于合约电价时，则由发电商向购电商或用户返还差额。因此，对于可再生能源发电而言，长期合约可以保障投资商的长期收益，有利于低碳电力的投资发展；对于政府而言，在长期合约机制下，只需要面对发电侧批发价格波动引起的补贴波动，减少政府支出；对于终端电力用户，长期合约也可以有效地避免电价的过快上涨，节省电费支出（冷媛等，2014）。

从英国四阶段的电力市场化改革可以发现，基于私有化的电力市场虽然给其国家的电力发展带来了推动力，但随着电力能源结构的变化，基于私有化完全竞争的电力市场逐渐暴露出其弊端，原有竞争性的电力市场体制只有在传统常规能源电力为主的市场中才能发挥作用。特别是第四次电力市场化改革，随着对清洁能源电力需求的不断增加，英国电力部门认识到政府补贴等一定的行政干预和市场监管也是必需的。作为实践借鉴，对中国的电力市场化改革而言，我们应当也正在寻求电力市场的竞争化转型方向。但我们并没有英国的过剩电力生产能力等相似的电力工业基础，因此，在电力市场化改革进程中，我们应该根据本国电力工业发展的实际情况寻找一条适合自己的、行得通的改革之路。

（二）北欧电力市场

作为全球首个成功跨国运行的区域电力市场，北欧电力市场给其他国家（地区）的电力市场建设提供了很好的范例。经过多年不断改革，北欧电力市场的经营范围不断扩大，市场交易机制不断完善，形成了一种比较成功的电力市场运营模式。并且，得益于良好的市场机制，北欧国家的可再生能源发电利用技术也处于国际领先地位。

北欧国家的电力市场建设可以追溯至 1991 年挪威实施的电力市场化改革，虽然改革的目的也是引入竞争，但不同于英国电力市场化改革模式，私有化并不是其改革的核心工作。1996 年，瑞典和挪威两国的电网公司共同建立了北欧电力交易所（Nord Pool），芬兰国家电网、丹麦西部电网①分别于 1998 年和 1999 年加入北欧电力交易所。2000 年，随着丹麦东部电网加入北欧电力交易所，北欧电力市场正式形成。需要指出的是，北欧四国的电力结构具有较强的互补性，如挪威 99% 的电力装机来源于水电，而芬兰超过 50% 的电力装机来源于火电，这为北欧地区间的电力交易提供了可能。北欧电力市场的运行，由各国输电系统运营商（transmission system operator，TSO）负责。在电力市场中，输电系统运营商也是国家电网的所有者，输电实行垄断经营，而发电环节和售电环节都是竞争的。随着电力市场交易范围的扩大，截至 2013 年，波罗的海沿岸国家爱沙尼亚、立陶宛和拉脱维亚相继加入北欧电力市场，同意在现货电力市场联合出清（包铭磊等，2017）。2014 年，挪威和欧盟 14 个成员国就电力联合交易达成正式协议，建立了统一的日前批发市场，这标志着北欧电力市场和欧洲其他区域实现电力资源整合优化（包铭磊等，2017）。截至 2014 年底，北欧电力市场的成员，包括发电商、售电商、交易机构和输电系统运营商，数量已经由 2000 年的 278 个增加到 385 个。

---

① 丹麦电力公司按地域分属于两大电力公司，分别是西部的艾尔桑（ELSAM）公司和东部的艾尔克拉夫特（ELKRAFT）公司，两大公司分别负责本地区电源的总体规划、电网调度、负荷管理等业务，其中，艾尔桑公司的输电业务剥离给了输电公司艾尔特拉（ELTRA）。基于两家电力公司，丹麦电网由 2 个独立的电网组成：艾尔特拉公司管理运营的西部电网和艾尔克拉夫特公司管理运营的东部电网。其中，西部电网与挪威、瑞典、德国电网相连，东部电网与瑞典、德国电网相连。资料来源：电力市场观察．深度观察丨丹麦电力市场化改革进程．http：//www.cpnn.com.cn/sd/gj/201607/t20160706_ 898870. html.

经过不断改革完善，北欧电力市场形成了以电力现货市场为基础，辅助服务市场和金融市场为补充的电力市场机制（包铭磊等，2017）。电力现货市场主要包括日前市场、日间市场和实时/平衡市场等模式。在日前市场，北欧电力交易所采用"集中竞价，边际出清"的方式定价。每天中午12点之前，电力交易双方各自对第二天每个交易时段的电力提供报价，电力交易所根据报价形成的发电曲线和购电曲线的交点确定系统电价；日间市场作为日前市场的一个有效补充，在日前市场关闭后，交易所为参与成员提供撮合交易市场，秉持"先来先得，高低匹配"的交易原则，对日前市场的交易电量进行调整。特别是随着可再生能源电比例的增加，电量预测误差变大，日间市场的作用日益重要；而实时/平衡市场则是为了保障电力系统的实时平衡和稳定，虽然其不注重电量交易，但可以为电力市场参与者的电力差额提供一个电力报价。电力实时/平衡市场由各国输电系统运营商（TSO）负责，参与交易的成员必须具有在短时间内增加或减少大量电力负荷的能力。在实时市场运行前45分钟，电力差额的报价均可以进行调整，而输电系统运营商会对报价进行优化排序，最终在市场运行时形成实时电价。

在北欧电力交易市场，以现货电力价格为参考，金融电力交易合约包括期权合约、（远期）期货合约和差价合约等，交易范围已经扩展到欧盟各国，交易时间从日到年，其中，最长跨度可达6年。在金融市场交易中，交易双方以现金结算，交易合同不需要电力实物交割，合约签订也不需要考虑网络阻塞、技术标准等其他约束条件限制，因此，金融市场的多样性可以有效地规避电力现货市场内的价格波动给交易双方带来的风险。其中，北欧电力市场的差价合约是专门为了规避输电网络阻塞产生的价差风险而设置的，以系统电价和区域电价的价差作为参考电价进行结算，因此，若需要较好地规避价格风险，市场参与者一般会选用（远期）期货合约加差价合约的方式进行定价（包铭磊等，2017）。

北欧电力市场的区域统一性，加上通过电网连接向欧盟其他国家电力市场的不断延伸，为电力资源在更广地域范围内的优化配置提供了得天独厚的外部条件，发达的绿电技术及自由、灵活的调节能力也为可再生能源的利用创造了有利条件。其中，北欧国家有序协调的电力市场机制已成为保证灵活调节资源以更好地配合绿电发电并网的基础（包铭磊等，2017）。

（三）美国电力市场

美国的电力市场化改革开始于 20 世纪 70 年代颁布的《公用事业管制政策法案》，是较早进行电力市场化改革的国家。在电力市场化改革前，美国的电力市场主要由一些民营电力公司构成，实行垂直一体化的垄断经营；电力价格主要由电力公司的回收成本加一定的资本回报率形成，并且售电价格由各州政府最终议定。

为了构建自由、开放的电力市场，打破垂直垄断，建立透明的电力市场机制，1992 年，美国联邦政府制定并颁布了《能源政策法案》，该法案中输电网被要求对独立发电商开放，并鼓励各类发电公司在批发市场公平竞争（朱继忠，2016）。为了进一步加快形成竞争性的电力批发市场，1996 年，美国联邦能源管理委员会（Federal Energy Regulatory Commission，FERC）相继发布了第 888 号令、第 889 号令，要求发电业务和输配电业务分离，输电网应该无歧视地公平开发利用，并鼓励独立的电力公司或电力机构从事输电业务。此后，一些电力公司纷纷联合组建了独立系统运行机构（independent system operator，ISO）并组建了开放存取信息系统（open access same-time information system，OASIS）。在开放存取信息系统内，创建了有效的价格清算机制、容量传输机制等，并对电网信息的发布应用进行了规范，有效地降低了电力批发市场的竞争壁垒，这也使得美国电力市场化改革得以步入快车道（朱继忠，2016）。在同年，美国联邦能源署进一步放开供电区的电价管制，一部分电力交易开始通过市场竞价进行，电力行业实现厂网分离，配电企业和电力批发商、电力售电商逐步脱离，电力的生产环节和销售环节分别强化了竞争引入。此后，美国联邦能源管理委员会又在 1999 年颁布了第 2000 号令，进一步推动创建了区域输电组织（regional transmission organization，RTO）。

与 ISO 相比，虽然功能相似，但是 RTO 承担了跨区域输电网络规划的任务。值得注意的是，RTO 只具有输电系统的经营管理权，不具有所有权。总的来看，美国电力市场化改革的总体策略是放开上游电力生产环节和下游电力配售环节，中间电力输送环节作为自然垄断部分独立出来，让购电商和供电商均可以平等享受输电服务，同时，建立电力批发市场以实现发电侧和售电侧的竞争（尹海涛，2013）。

2000 年，因电力市场设计存在的缺陷及危机应对效率的缺失，美国加利福尼亚州发生了严重的电力危机，电力供应非常短缺，这进一步加快推动了美国的电力市场化改革。同年，美国加利福尼亚州 ISO 提交了新的"市场全面设计计划"的电改方案。2002 年，FERC 颁布了旨在提供公平、开放的输电服务标准和电力市场设计标准，以实现更公平竞争环境的"标准电力市场设计"法案（伏开宝，2018）。2005 年，美国联邦政府签署了《能源政策法案 2005》，重申了推进电力市场化改革的国家政策（王德华等，2017）。为了提高对电力市场中电力企业市场行为的监管力度，新的能源政策法案还赋予 FERC 更多的执法权力。此后，FERC 相继出台了多项政策法令以促进美国的电力市场化改革，完善电力市场体系。美国区域电力市场运营情况，见表 3 - 1。

表 3 - 1　美国区域电力市场运营情况

独立系统运行机构/区域输电组织	市场成员数量（个）	装机容量（MW）	输电线路长度（英里）	区域范围（州）	服务人口（万人）
PJM	990 +	165 569	82 546	13 州 + D. C.	6 500
CAISO	100 +	60 000	26 000	1 +	3 000
ERCOT	162	75 964	46 500	1	2 400

独立系统运行机构/区域输电组织	市场成员数量（个）	装机容量（MW）	输电线路长度（英里）	区域范围（州）	服务人口（万人）
ISO-NE	400	31 000	9 000	6	1 400
NYISO	145	38 777	11 131	1	2 000
MISO	413	174 724	65 800	15	4 200
SPP	192	84 943	60 000 +	14	1 800 +
Northwest	–	75 964	–	9	–
Southeast	–	238 000	55 000	10	5 700
Southwest	–	50 000	–	3 +	–

注："＋"表示超出前述数值，"－"表示无数据。

资料来源：笔者根据美国联邦能源管理委员会（Federa Energy Regulatory Commission，FERC）网站公布的相关数据计算整理而得。

虽然整体上电力市场化改革的目标都是构建竞争的电力市场体系，但因政治制度不同，美国的电力市场化改革有一定独特性。美国的电力市场化改革先是从一些电力售价较高或电力售价与电力批发价存在较大差异的州开始的，但因美国联邦制体制中较为复杂的司法制度，联邦政府对各州的权力分享是有限的。因此，美国的电力市场化改革并未采取全国"一刀切"的统一方式，而是采取了"联邦搭台，地方唱戏"的电力市场化改革模式，即先由联邦政府部门，主要是美国联邦能源管理委员会（FERC）制定一系列能源法案或政策法规确定电力市场化改革的相关原则及框架，然后，州政府再结合本地区电力市场发展的实际情况具体实施电力市场措施。基于这一特殊制度因素的影响，因权力的分散及地方发展的不平衡，电力市场化改革在全美范围内的实施策略和改革成效有所不同。当前，美国电力市场主要包括宾夕法尼亚-新泽西-马里兰州（Pennsylvania-New Jersey-Maryland，PJM）联合电力市场、加利福尼亚州电力市场（CAISO）、得克萨斯州电力可靠性委员会（Electric Reliability Council of Texas，ERCOT）电力市场、新英格兰电力市场（ISO-NE）、纽约电力市场（NYISO）、中部地区电力市场（MISO）和西南地区联合电力市场（Southwest Power Pool，SPP）等10个区域电力市场，各个区域电力市场在发电装机容量、市场交易成员规模、服务范围及服务人口等方面也存在较大差异。

在美国电力市场运行中，电力交易模式主要包括双边市场交易模式和竞争性批发价市场交易模式两种。美国国内电力市场化改革进程中，在 ISO/RTO 中运营的主要是竞争性批发市场交易模式，一般通过运用标准合同由市场确定电力价格。

一般来看，在美国竞争性的区域电力市场交易中，包括电能市场（energy market）、容量市场（capacity market）、辅助服务市场（ancillary services）、阻塞收益权市场（congestion revenue rights）等。其中，电能市场包括日前（day-ahead）电能市场和实时（real-time）电能市场，日前电能市场和实时电能市场是最重要的交易市场。日前电能市场发生于电力市场运行日之前，是一个远期金融市场，通过评估一天内不同时段的电力交易双方报价，每小时计算一次出清价格并进行结算（董超等，2017）；实时电能市场也被称为平衡市场，是日前电能市场的一个重要补充，其按小时出清，每 5 分钟计算一次交易价格，出清价格是一小时内所有交易价格的均值。与日前电能市场电价相比，实时电能交易市场价格具有明显的不稳定性。在电能交易市场内，有约 95% 的电能交易都发生在日前电能市场（王德华等，2017）。容量市场是为了保证充足的发电储备以满足电力负荷和系统可靠性而建立的，其多为短期市场。而阻塞收益权市场，也称金融输电权市场，是为了在日前电能市场中发生输电阻塞时通过合约形式对参与者进行的保护性补偿。除此之外，ISO/RTO 还通过节点边际定价① （locational marginal pricing，LMP）处理电力市场中的输电阻塞，并利用稀缺性定价处理全系统电力储备短缺（王德华等，2017）。

为了促进可再生能源电力的发展利用，美国电力行业的市场化改革

---

① LMP 由能源费用、阻塞费用和输电损失费用三部分组成，反映了在给定分配的发电商和输电系统限制情况下，电力负荷在特定节点的边际成本（王德华等，2017）。

十分注重电力市场对可再生能源电的调度管理。以风电资源丰富的得克萨斯州电力市场（ERCOT）为例，在 ERCOT 电力市场中，风电可以与其他常规能源电力一样通过双边合约、日前市场、实时市场等参与电力市场交易，并承担相应的财务责任（罗旭等，2011）。但考虑到风电的间歇性，相比常规能源电力得克萨斯州电力可靠性委员会（ERCOT）对风电的基点指令偏差处罚标准要宽松许多。并且，ERCOT 还针对风电产出的随机波动和反调峰制定了一系列应对策略，以最大限度地消纳风电（罗旭等，2011）。

二、中国电力工业市场化改革发展

从中国电力产业发展及重大改革举措的实施来看，改革开放以后，中国的电力行业市场化改革进程大致可分为两个阶段：第一阶段为 1979～2001 年，该阶段主要是电力市场化改革的过渡阶段；第二阶段为 2002 年至今，这一时期中国电力行业市场化改革真正迈出坚实一步，改革力度不断深化，改革成效愈加显著。

（一）第一阶段（1979～2001 年）：电力市场化改革过渡阶段

这一阶段的电力行业发展大致可以分为三个主要时期：第一，在 1979～1985 年，主要是将下放给地方的电力管理权限上收，实行集中统一的管理模式（张华祥，2014）；第二，在 1986～1998 年，主要是集资办电，着力解决电力短缺问题；第三，在 1998 年之后，则是政企分开，打破垄断的探索时期。

1979 年，中央再次将水利电力部一分为二，分拆为电力工业部和水利部。此次改组重新将下放地方的电力管理权收归中央，电力工业部统一管理全国主要电网和电力供应。虽然 1982 年又重新将上述两部门合并为水利电力部，但电力行业仍然延续集中统一的管理模式。1985 年底，全国电力工业基本上形成中央和地方管理相结合，以水利电力部为主，大区电业管理局分区域管理的电力工业管理体系。从 1987 年开始，按照中央提出的"政企分开，省为实体，联合电网，统一调度，集资办电"的电力改革方针，全国实行多渠道融资的集资办电政策。并且，在中央直属电力企业中实施承包责任制，这些举措加强了电力企业的活力，有效地缓解了供电紧张的状况。截至 1997 年底，全国电力基本上可以实现供需均衡。在此期间，1988 年能源部成立，并且中国电力工业开始了公司化改组工作，当年组建成立了中国电力行业的第一家集团公司——中国华能集团有限公司。此后，相继成立了华北、华东、东北、华中和西北五家大型电力集团公司。1993 年，中国电力工业已形成以六大电力集团公司为核心，以各省级电力公司为主体的电力管理体系。

在电力市场的供需矛盾基本解决之后，中国真正进入了电力行业市场化改革的探索阶段，尝试在电力行业实施"政企分开"。1997 年，中国设立了国家电力公司；1998 年，电力工业部撤销，由国家经贸委行使其原有行政职能。至此，中国电力工业实现了政企分开，电力行业开始步入以企业机制独立运行的阶段。1999 年，中国国家电力公司南方公司正式改组成立。政企分离后，还在上海市、浙江省、山东省以及黑龙江省、吉林省、辽宁省实施了"厂网分离，竞价上网"的电力行业市场化改革试点工作，探索打破电力行业垄断的有效途径（伏开宝，2018）。电力行业的政企分开，标志着中国电力工业体系由计划经济向市场经济的成功过渡，为中国电力行业市场化改革奠定了基础（叶秀，2010）。

（二）第二阶段（2002 年至今）：电力市场化改革阶段

本阶段可以分为两个时期：2002 ~ 2015 年，该时期电力市场化改革的主要任务是"厂网分开""竞价上网"；2015 年之后，电力行业市场化改革进一步深化，完善电力行业市场化交易机制。

改革开放以后，中国电力市场化改革步伐逐步加快，电力工业取得了快速发展，电力供需状况得到明显改善。但是，电力行业垄断经营体制的缺陷越来越明显，省际市场壁垒极大地阻碍了电力资源的优化配置。在此背景下，2002 年中央政府印发了《电力体制改革方案》，制定了"打破垄断，引入竞争"的总体目标,[①] 这标志着中国电力行业市场化改革的正式开始。根据这一目标要求，重新按照电网和发电两类业务对国家电力公司原有管理资产进行了划分。在我国的电网方面，先后设立了国家电网有限公司、中国南方电网有限责任公司和内蒙古电力（集团）有限责任公司（即蒙西电网），分别负责所辖区域与区域之间的电力交易和电力调度工作。其中，国家电网公司旗下还成立了华北电网公司、东北电网公司（含蒙东地区）、华东电网公司、华中电网公司以及西北电网公司五个区域级电网公司。在发电方面，成立了中国华能集团有限公司、中国华电集团有限公司、中国大唐集团有限公司、中国国电集团有限公司、中国电力投资集团公司五家独立发电企业。其中，中国电力投资集团还在 2015 年与国家核电集团重组成立了国家电力投资集团。同时，设立了国家电力监管委员会，负责监管电力市场运行情况，并根据市场情况提出电价调整建议。这样，中国的电力行业便真正形成了政府监管下的"政企分开、厂网分离"的市场体系，初步形成了电力市场主体多元化的竞争格局。值得注意的是，这次电力改革对发电排放制定了环保折价标准。这一新机制在很大程度上激励了清洁能源的发展，极大地促进了中国电力工业的发展。截至 2014 年，中国的电网规模和发电能力均居世界第一。但是，这次电力改革未能实现在发电侧"竞价上网"的目标，上网电价仍按照省（区、市）社会平均成本统一定价，即采取标杆定价。在电力市场中，电价管理仍以政府定价为主，未能形成有效的竞争机制，并且可再生能源发电并网也面临了歧视性困境。

---

① 国务院关于印发电力体制改革方案的通知 . https：//www. gov. cn/zhengce/content/2017 - 09/13/content_ 5223177. htm.

为了深入推动电力市场化改革，构建竞争的市场结构体系，"形成主要由市场决定能源价格的机制"，2015 年之前，电力行业相继开展了竞价上网、大用户直购电、发电权交易、跨省（区、市）电能交易等方面的探索。2015 年 3 月，中央着手新一轮电力市场化改革，并发布了《关于进一步深化电力体制改革的若干意见》。新一轮电力市场化改革制定了"三放开，一独立"的改革任务，即放开输配以外的经营性电价、放开公益性调节以外的发电计划、放开新增配售电市场并建立相对独立的电力交易机构。在电价方面，政府单独核定输配电价，放开发电侧和售电侧竞争性环节的电力价格，除了公益性以外的电力交易价格将由电力交易参与双方自行商定，在这一过程中，电网只收取过网费，不再以上网电价及售电价之差作为其收入来源。并且，新一轮电力市场化改革注重完善市场化交易机制，鼓励建立长期稳定的交易机制，构建长期稳定的双边市场及短期、即时的市场交易模式。与此同时，国家发展和改革委员会及国家能源局相继联合下发了《关于改善电力运行，调节促进清洁能源多发满发的指导意见》[1]《关于有序放开发用电计划的实施意见》[2] 等相关配套文件，通过构建可再生能源优先发电制度保障清洁能源发电、调节性电源发电优先上网，并鼓励绿电发电企业直接参与市场交易，以市场手段解决"三弃"问题，形成可再生能源参与市场竞争的新机制。

从国内外电力行业改革历程看，电力行业的市场化改革是电力部门发展的普遍规律，谋求电力资源配置由市场决定，实现电力行业市场主体生产、消费和投资的有效性。从发达国家（地区）的改革成功进程看，电力市场化改革包括所有制、市场组织结构、市场交易机制及政府规制等多个

---

[1]　关于改善电力运行，调节促进清洁能源多发满发的指导意见．https：//www. gov. cn/gongbao/content/2015/content_ 2878235. htm.

[2]　关于有序放开发用电计划的实施意见．https：//www. gov. cn/xinwen/2015 – 11/30/5018221/files/fc56705237344ad9912144cae1d10523. pdf.

方面。从电力工业所有制改革看，各国还是有较大差异的，英国选择了彻底的电力行业私有化，瑞典选择维持电网国有化，法国保持了电力系统国有化。通过各国的所有制选择可以看出，仅仅执行私有化并不一定会产生最大效益（Paker and Kirkpatrik, 2005）。

从电力市场组织结构来看，成熟电力市场的市场化改革主要包括两个方面：从纵向看，主要是将两端的电力供电侧及电力售电侧和中间电网输电环节进行分离；从横向看，则是通过鼓励构建基于一定企业数量的有效竞争来抑制市场势力，实现公平竞争的市场环境。从成功实施电力市场化改革的国家来看，北欧国家成立了输电系统运营商（TSO），美国设立了独立系统运行机构（ISO）和区域输电组织（RTO），其他国家有的直接对电网企业进行了深度改革。值得注意的是，在此过程中力求确保电网在电力市场中作为公共平台的中立性。

从市场机制设计来看，成熟的电力市场都构建了竞争性的电能批发市场，交易机制包括电力现货市场和基于远期的双边市场。基于不同的交易市场，包含了集中交易和双边交易在内的多种交易模式。在电力市场化改革中，政府发挥着极其重要的作用。虽然电力市场化改革强调市场的作用，政府应放松规制，但从国外经验看，放松规制并不是放弃规制，而是一种规制的改革（冯永晟，2016）。电力市场竞争更需要高效的规制，除了应对一般的市场失灵，电力技术特性也需要特定的规制需求，例如，电力现货市场的价格上限管制等（冯永晟，2016）。一般来看，电力市场中的政府规制，包括对电网和市场两方面的规制要求。对电网的规制主要是基于电网成本信息披露的不充分性，而对市场的规制则是基于市场势力对公平竞争市场环境的威胁。因此，在国外相对成熟的电力市场中，大多设有专门的电力监管部门。包括中国在内的发展中国家，电力行业市场化改革往往伴随着政府管理模式的变革，这常常面临公共资金成本较高、政出多门、享受补贴及政策稳定性等问题的困扰（冯永晟，2016）。电力市场化改革是一个复杂的过程，虽然有发达国家电力市场化改革的成功案例引以为鉴，但是，要清楚地看到并没有完全相同的两个电力市场，要构建一个可以促进经济社会发展的电力现货市场，还需要结合本国电力工业发展的实际水平等。

中国真正意义上的电力市场化改革开始于 2002 年颁布的《电力体制改革方案》，其呈现了一个系统的改革方案，实现了"政企分开、厂网分离"，初步形成了电力市场主体多元化的竞争格局。2015 年颁布实施的《关于进一步深化电力体制改革的若干意见》，在此基础上丰富、深化了电力市场化改革的基本内容。从中国电力市场化改革过程中可以发现，电力市场化改革的核心环节是电价改革。在改革开放之前，电力工业是政企合一、垂直一体化的管理模式，电价管理高度集中，电价波动性较小。在改革开放之后，为了集资办电，电力工业扩大发电领域投资主体范围，实行了"还本付息"的电价制度，即在政府规定的价格上限之下，电力主体还贷期间的电价是基于运行成本确定的，发电投资上网电价为运行成本＋归还本息＋合理利润。虽然这一定价模式成功吸引了大量社会发电资本，但"一厂一价"的方法缺乏对成本信息的约束，致使电价上升。此外，这一电价制度可以给电厂投资带来巨大收益，致使资金大量流向电力生产环节，电网建设资金缺乏，给电力传输带来发展的瓶颈。20 世纪 90 年代后期，国家出台了经营期电价政策，这是一种基于成本回报率的定价方法。与"还本付息"的电价制度不同，经营期电价政策有不同的核定期限和成本基础，这在一定程度上刺激了电力企业效率的提高（张华祥，2014）。进入 21 世纪后，随着中国电力市场化改革的不断深化，电价定价机制也由单一政府定价逐渐转变为市场竞价。并且，根据电力交易模式不同，竞价方式越来越多样化。当前，在中国混合电力市场中，电价形成机制也是混合的，发售电侧的价格主要执行市场定价，而公益性行业用电和输电环节电价主要是政府指导定价。随着可再生能源电力渗透率的不断提高，且鼓励绿电参与市场竞争，并网定价模式的选择对可再生能源电的并网消纳有重要影响。

第二节　可再生能源电力市场运行模式

随着电力工业的发展，其市场化程度不断加深，电力市场结构也在不断变化。在电力工业发展初期，各国的电力行业大都是垂直垄断的，电网公司几乎负责电力产业链上的所有业务活动。在电力体制改革之后，电网的垄断格局不断被打破，先形成发电侧的竞价上网，之后是售电侧引入竞争机制。每一时期的电力市场模式，都有其独特的结构特征。不同的电力市场模式，价格形成机制各不相同。根据国内外电力工业市场化改革发展历程，大致包含三种电力市场模式：垂直垄断的电力市场模式、买方垄断的电力市场模式和售电侧竞争的电力市场模式。

一、垂直垄断的电力市场模式

垂直垄断的电力市场模式，见图3-1，又称为垂直一体化的电力市场模式。因具有显著的资产专用性、网络外部性等行业特征，电力行业会形成自然垄断。在电力工业发展初期，电力市场化尚未形成，电力行业发展往往是各国政府主导，形成垄断经营的市场结构。

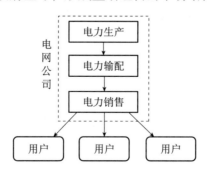

图3-1　垂直垄断的电力市场模式

资料来源：笔者绘制。

大多数国家最开始普遍采用的电力行业发展模式是垂直垄断的电力市场结构，是一种完全垄断的市场模式。在2002年第一轮电力市场化改革实施之前，中国的电力行业也是如此。在垂直垄断的电力市场模式中，一定区域内只有一家电力企业，该电力企业负责电力的生产、输配、零售、服务等所有电力活动。在垂直垄断模式下，电网企业垄断电力行业，政府实施严格管制，电力用户没有选择空间。在这一完全垄断的市场模式下，电网企业可以实施垄断定价，并且，几乎不用承担任何交易成本及市场风险。因此，这一模式可以充分发挥电力行业的规模经济效应，在电力工业发展初期具有重要作用。但是，因缺乏必要的竞争，电网企业往往管理低效，这造成电力行业发展的低效率、低效益，造成电力短缺等问题。

二、买方垄断的电力市场模式

随着电力市场的改革发展，在垂直垄断的市场结构基础上，实现"厂网分开"。买方垄断的电力市场模式，见图3-2。2002年，我国颁布实施的《电力体制改革方案》实现了厂网分开。在买方垄断的电力市场模式中，发电从垂直垄断的电力公司中独立出来，电力市场引入独立的发电企业。在电力产业链中下游，仍然只有一家电力公司负责购电、输配、售电等业务，该电力公司往往具有较强的市场势力。可再生能源电力市场，在发电侧往往存在火电、绿电及相同电源发电商之间的竞争。因此，相对于垂直垄断的市场模式，厂网分离在一定程度上打破了电力市场的完全垄断，买方垄断的电力市场模式实现了有限的市场竞争。

买方垄断的市场模式，是由垂直垄断向竞争转变的一种过渡模式，国家电网仍然垄断经营。在买方垄断的电力市场模式中，电网公司扮演购电商和售电商的双重角色，对上游购电市场而言，电网公司是买方垄断；对下游售电市场而言，电网公司是卖方垄断。在电网公司主导的电力市场中，电力输配、零售、辅助服务等业务仍由电网公司负责；政府仍严格规制并制定指导性电价。但与完全垄断市场不同的是，电力大用户具有了可以选择发电商的权利，可以和发电商之间直接展开双边交易。公益事业用电和小用户用电仍由电网公司供电，不具备自由选择发电商的权利。在引入竞争之后，市场参与者具备了一定的选择性交易权利，买方垄断电力市场模式下的交易成本会有明显提高。发电侧竞价上网，提高了电力生产环节的效率，并可以降低并网电价。

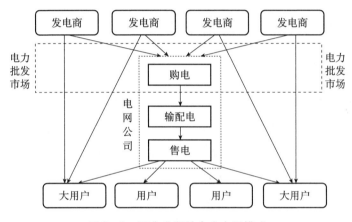

图 3 – 2 买方垄断的电力市场模式

资料来源：笔者绘制。

在可再生能源电参与的买方垄断电力市场中，初期阶段为了促进可再生能源电的并网消纳，政府会制定固定电价制度和全额保障入网政策。发电商运用可再生能源进行电力生产可以获得绿电补贴，电网公司则被要求以固定电价全额接收可再生能源电力。绿电补贴主要来源于电力附加，而这部分资金最终也会转嫁至没有选择权的电力用户。在该电力模式下，早期阶段是有利于绿电投资者的，可以有效促进绿电的发展。但随着绿电容量投资的增加，补贴压力会越来越大，加上绿电并网需要较高的调峰成本，电网的弃风量、弃光量会逐渐增加。并且，该定价模式将会造成价格严重偏离社会价值，不能实现社会效益最大化。

随着可再生能源电力技术的成熟，在买方垄断的市场模式下，需要考虑可再生能源电和常规电力的竞价上网。虽然绿电具有间歇性、高装机成本等特征，但较低的发电边际成本和政府的绿电补贴保证其具有一定竞争优势。在竞价上网中，按照公正的市场规则，电网自由选择火电和绿电进行交易。绿电则选择以合约交易为主的交易方式，实际执行的并网价格并不完全执行政府定价，而是在政府的限定价格内，交易各方利益权衡之后形成的基于各自利润最大化的契约价格。

三、售电侧竞争的电力市场模式

售电市场存在竞争的电力市场模式，见图 3-3。图 3-3 是在买方垄断电力市场模式的基础上进一步放开电力市场，在售电侧引入竞争。中国在 2015 年新一轮电力体制改革中，制定了"三放开，一独立"的改革任务，即放开输配以外的经营性电价、放开公益性调节以外的发电计划、放开新增配售电市场并建立相对独立的电力交易机构。在电价方面，政府单独核定输配电价，放开发电侧和售电侧竞争性环节的电力价格，除了公益性以外的电力交易价格，由电力交易参与双方自行商定。在这一过程中，电网公司的垄断被彻底打破，其只收取过网费，不再以上网及售电价差作为收入来源。并且，市场化交易机制实现多样化，鼓励建立长期稳定的交易机制，构建长期、稳定的双边市场交易模式和短期、即时的现货市场交易模式。

售电侧竞争的电力市场模式，被称为用户选择，是发达国家成熟电力市场已经成功采取的一种有效模式。竞争的电力市场模式，是一种产业链上下游竞争程度都比较高的市场模式。在该模式下，绿电发电商既要面对发电侧火电发电商和其他绿电发电商的并网竞争，又要对下游售电商之间、电力用户之间的竞争作出反应。同时，绿电发电商还要在双边市场和电力现货市场决策交易电价、电量。因此，在这种市场模式下，绿电发电商受市场价格波动的影响会显著提高，也将面临市场波动带来的风险。

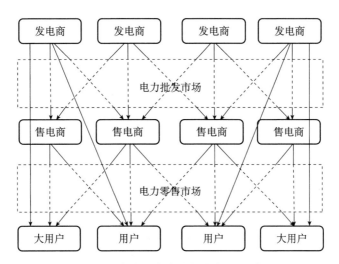

图 3-3 售电市场存在竞争的电力市场模式

资料来源：笔者绘制。

上述不同电力市场模式的发展过程，是消除电力行业垄断，不断推进电力市场化的过程。每一种市场模式都有其优点和弊端，但都是特定时期的选择且发挥着重要作用。从中国的电力工业发展历程看，当前正处于由买方垄断的电力市场模式向售电侧竞争的电力市场模式过渡的阶段。在电力市场化改革中，放开的是发电侧和售电侧的竞争，输配环节仍由电网垄断经营。并且，在不同市场模式下，政府均发挥重要作用。研究可再生能源发电并网的价格形成机制应立足于不同的电力市场结构，厘清不同市场模式中参与主体之间的相互作用关系。

第三节 可再生能源电力产业发展

全球能源供需矛盾及化石能源燃烧带来的愈加严重的环境污染问题，使具有可再生、清洁无污染等显著优点的可再生能源成为传统能源的完美替代品。政府的政策激励及可再生能源技术的不断发展，使可再生能源电力产业得到了快速发展，其在一次能源消费中的比重不断上升。作为一个能源消费大国，中国在可再生能源利用方面一直走在世界前列，可再生能源发电装机规模和发电并网电量已经连续多年领跑全球。

一、全球可再生能源消费比重不断增加

作为维持社会生产活动正常运转的主要物质基础，充足的能源供给一直是国家经济持续发展的动力和有效保证。并且，随着全球经济的不断发展，人类社会对能源的需求越来越大，但煤炭、石油和天然气等传统化石能源是可耗竭的。特别是 20 世纪 70 ~ 90 年代爆发的三次石油危机，更是让人们深刻认识到能源短缺给经济增长带来的致命影响。而且，大量化石能源燃烧带来的温室气体效应和环境污染也给人类社会生存环境带来了前所未有的威胁。进入 21 世纪后，世界各国都将能源安全和环境问题作为全球性议题达成共识。可再生能源的开发利用，不仅可以解决化石能源燃烧造成的污染问题，而且可以有效地缓解全球能源供需矛盾。

当前，许多国家政府纷纷通过制定一系列激励性政策措施来引导、鼓励发展可再生能源产业。根据《BP 世界能源展望》的世界能源统计数据[①]，可再生能源在能源结构中的消费占比不断提升。虽然在能源消费占比中石油仍是全球的主导燃料，2019 年占比达到 33.1%，但其占比份额在不断下降；另一种高消费占比的常规能源——煤炭的市场消费份额也是在起伏变化间表现出下降趋势，并且在 2019 年下降到 27%，是 2003 年以来的最低水平。除此之外，与上述两种主要化石燃料相比，天然气

---

① BP 世界能源展望 2020. http：//www. chinapower. com. cn/d/file/p/2021/0126/b485050-dd4dd08c9f8e1736abba6150c. pdf.

具有燃烧高效、低碳清洁的特点，也使其在低碳、安全的现代能源体系中逐渐占据重要位置，因此，天然气的能源消费比重反而逐渐提升。但是，与所有的化石能源一样，天然气不可避免地要面临可耗竭性问题，这给人类长期可持续的能源利用带来困境。不同于化石能源，可再生能源绿色清洁，具有"取之不尽，用之不竭"的特点，随着应用技术的不断进步，可再生能源的消费占比一直上升。特别是进入 21 世纪后，可再生能源的全球能源消费占比增速最快，并在 2019 年达到 5% 的份额。

电力行业需要消耗大量能源，根据《BP 世界能源展望》统计数据[1]，全球有 40% 的一次能源用于发电，使得电力行业成为最大的用能产业。从发电能源种类来看，虽然煤炭仍是当前全球发电的主要能源来源，其在 2019 年的发电能源占比约为 36.4%，但是，近年来其占比在不断下降，与 2007 年相比下降了约 4.7%。而同期的可再生能源（不含水电）的发电占比不断上升，并且，2019 年其发电贡献比例达到 10.4%，较 2007 年增长约 8.1%。

二、中国可再生能源电力产业现状

（一）风电产业发展

中国是能源消费大国，也是可再生能源利用大国，在全球可再生能源开发利用中一直扮演着领导者的角色。在绿电发电利用中，风电发展较为迅速。中国在 2005 年之后便开始了风力发电的规模化发展，并且，每年的风力装机容量几乎翻倍增长。根据国家发展和改革委员会、国家能源局等九部门联合印发的《"十四五"可再生能源发展规划》的相关数据，"十三五"期间，我国可再生能源实现了跨越式发展，装机规模、利

---

① BP 世界能源展望 2020. http：//www.chinapower.com.cn/d/file/p/2021/01 − 26/b485050 dd4dd08c9f8e1736abba6150c.pdf.

用水平、技术装备、产业竞争力已迈上新台阶，截至 2020 年底，我国可再生能源发电装机容量达到 9.34 亿千瓦，占发电总装机容量的 42.5%。其中，风电装机容量达到 2.8 亿千瓦，占总装机容量的比重约 12.79%，风电发电量 4 665 亿千瓦时，占全部发电量的 6.1%，连续多年稳居世界第一。① 按照国家能源局公布的最新数据，② 截至 2023 年底，全国风电装机容量约 4.4 亿千瓦，同比增长 20.7%，全年风电新增装机容量超 7 500万千瓦，风力发电容量 8 090 亿千瓦时，同比增长 12.3%。③ 2003 ~ 2023年中国风力发电容量规模和并网电量，见图 3 - 4。

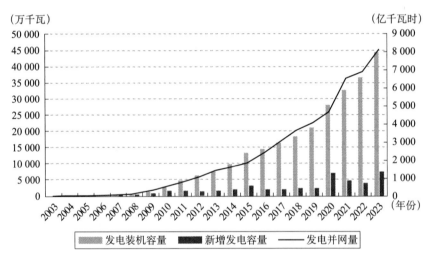

图 3 - 4　2003 ~ 2023 年中国风力发电容量规模和并网电量

资料来源：笔者根据国家能源局公布数据整理绘制而得。

为了促进能源结构发展转型，实现非化石能源占一次能源的消费比重在 2020 年、2030 年分别达到 15%、20% 的目标，并提升可再生能源电

---

① "十四五"可再生能源发展规划. http://zfxxgk. nea. gov. cn/1310611148 _ 1654134140-7541n. pdf.

② 国家能源局 . 2023 年全国电力工业统计数据 . https：//www. nea. gov. cn/2024 - 01/26/c_ 1310762246. htm.

③ 2023 年度风力发电行业运行情况 . https：//www. 163. com/dy/article /IPP8J38I051481 OF. html.

在电力市场的渗透率，在已有的可再生能源电力发展的基础之上，中国不断加快推进以风电（包括海上风电和陆上风电）、光伏发电为主的绿电产业的投资发展。中国根据国内不同地域风力资源分布情况，在全国范围内分地区制定了不同的风电发展具体目标。2020 年中国陆上风电发展目标，见表 3 - 2。

表 3 - 2　2020 年中国陆上风电发展目标

地区	省（区、市）	风电累计并网装机容量（万千瓦）	地区	省（区、市）	风电累计并网装机容量（万千瓦）
华东地区	上海	50	华南地区	贵州	600
	江苏	650		云南	1 200
	浙江	300		广东	600
	安徽	350		广西	350
	福建	300		海南	30
	华东地区合计	1 650		华南地区合计	2 780
华北地区	北京	50	华中地区	江西	300
	天津	100		河南	600
	河北	1 800		湖北	500
	山西	900		湖南	600
	山东	1 200		重庆	50
	蒙西地区①	1 700		四川	500
	华北地区合计	5 750		西藏	20
西北地区	陕西	550		华中地区合计	2 570
	甘肃	1 400	东北地区	辽宁	800
	青海	200		吉林	500
	宁夏	900		黑龙江	600
	新疆	1 800		蒙东地区②	1 000
	西北地区合计	4 850		东北地区合计	2 900
				全国合计	20 500

注：中国的电网系统构成有别于行政区域划分，内蒙古自治区的电网系统分为蒙西电网和蒙东电网。①蒙西地区的电网隶属于内蒙古电力（集团）有限责任公司（简称蒙西电网），蒙西电网的地域涵盖内蒙古自治区呼和浩特、包头、鄂尔多斯、乌兰察布、乌海、巴彦淖尔、锡林郭勒和阿拉善 8 个盟市。蒙西电网独立于国家电网，是全国唯一独立的省级电网管理企业，也是国家电网、南方电网、蒙西电网三大电网之一。②蒙东地区的电网则隶属于国网内蒙古东部电力有限公司（简称国网蒙东电力），地域涵盖内蒙古自治区赤峰、通辽、呼伦贝尔、兴安盟 4 个盟市。国网蒙东电力是国家电网公司管理的下属省级电力公司。

资料来源：笔者根据国家能源局《风电发展"十三五"规划》相关数据整理而得。

　　虽然中国的可再生能源电力产业取得了长足发展，但也应看到在绿电利用过程中因并网消纳困境引起的"弃风弃光"等现实问题。以风电为例，中国风电弃电问题从 2009 年开始显现，2009～2012 年，其弃风电量和弃风比率都不断攀升。中国风力发电弃风电量与弃风率情况，见图 3－5。其中，2012 年的弃风比率为 17.0%，弃风电量达到 200 亿千瓦时。虽然在其后的两年，弃风比例有所回落，但 2015 年又出现了一次新的弃风潮，2016 年，全国的平均弃风比率甚至达到 17.1%，是 2010 年首次出现大规模弃风限电以来的最高水平（夏云峰，2017），这一比率是 2014 年弃风率的 2 倍多。并且，2016 年的弃风电量更是达到了历史新高 497 亿千瓦时，约为 2014 年弃风电量的 4 倍，这些被弃电量折合成标准煤约有 1 600 万吨，造成的经济损失超过 270 亿元。虽然 2017 年开始弃风电量和弃风比率出现下降趋势，但期间弃风率仍有波动，且弃风电量与前几年相比仍处于较高水平。

图 3－5　中国风力发电弃风电量与弃风率情况

资料来源：笔者根据国家能源局 2010～2022 年风电并网运行统计数据整理绘制而得。

　　针对严重的弃风限电现象，有学者和业内人士认为是由技术局限和经济代价较高等原因导致电网接纳风电时存在比例上限（谢家平等，2014），并通过全面评估技术可行性后测算出该上限为 6.7%。因此，有学者认为要解决风电并网问题，先要对电网进行改造升级，通过电网扩容增加其调峰能力（韩小琪等，2010）。实际上，中国的电网投资在近十几年的变化趋势是逐渐增加的。2003~2023年中国电网投资情况，见图3-6，由图3-6可知，2003年以来，中国对国家电网的投资建设规模总体上一直是扩大的，在2016年达到电网最大投资额5 431亿元，比2010年增长约59.27%，该额度是2005年投资规模的3.56倍。但是，结合图3-5的弃风电量变化可知，弃风限电问题并未伴随大规模的电网投资建设得到有效解决。

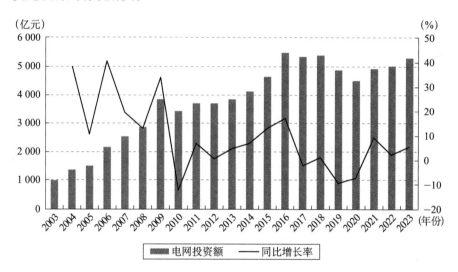

图3-6　2003~2023年中国电网投资情况

资料来源：笔者根据前瞻产业研究院数据和《中电联电力工业统计快报》数据整理绘制而得。

　　另外，从可再生能源利用较为成功的北欧地区和中国部分地区的实际情况来看，电网接收绿电并网的上限值是可以不断突破的。北欧国家是利用可再生能源电力较早也较为成功的地区。以丹麦为例，其风力发电已连续多年占到国内并网电量的20%，甚至最高并网峰值可以达到100%。而在中国，2017年6月17日至23日，国家电网全部以光伏发电、风电及水电等清洁能源供应青海省全省连续7天合计168小时用电需求，这是国内首次实现用电零排放。[①] 这些案例成功地说明，在可再生能源电力市场，只要能确保电力产业链各环节的技术和利益，大规模风电消纳可以实现。中国在《风电产业发展"十三五"规划》中，明确提出要"坚持市场导向……充分发挥市场配置资源的决定性作用，鼓励以竞争性方式配置资源""鼓励风电参与市场竞争，建立市场竞价基础上固定补贴的价格机制"[②]。

为了配合电力市场化改革，国家发展和改革委员会 2009 年以来逐步调整了陆上风电入网的标杆电价。中国陆上风电上网标杆电价情况，见表 3-3。中国陆上风电资源区划分（2018 年实施），见表 3-4。从表 3-3 和表 3-4 中可以看出，为了达到风电平价上网的目的，中国各个资源区的陆上风电并网标杆电价都在不断降低，风电补贴逐步减少。

表 3-3　中国陆上风电上网标杆电价情况　（单位：元/千瓦时）

执行时间	Ⅰ类资源区	Ⅱ类资源区	Ⅲ类资源区	Ⅳ类资源区	出台时间
2015 年底前并网	0.51	0.54	0.58	0.61	2009 年 7 月 20 日
2016 年底前并网	0.49	0.52	0.56	0.61	2014 年 12 月 31 日
2017 年底前并网	0.47	0.50	0.54	0.60	2015 年 12 月 22 日
2018 年 1 月 1 日后核准	0.40	0.45	0.49	0.57	2016 年 12 月 26 日

资料来源：笔者根据国家发展和改革委员会历年《全国陆上风力发电标杆上网电价表》相关内容整理而得。

表 3-4　中国陆上风电资源区划分　（2018 年实施）

资源区类别	资源区范围
Ⅰ类资源区	内蒙古自治区除赤峰市、通辽市、兴安盟、呼伦贝尔市以外的其他地区；新疆维吾尔自治区乌鲁木齐市、伊犁哈萨克自治州、克拉玛依市、石河子市
Ⅱ类资源区	河北省张家口市、承德市；内蒙古自治区赤峰市、通辽市、兴安盟、呼伦贝尔市；甘肃省嘉峪关市、酒泉市；云南省*

---

① 国家电网有限公司. http：//www. sgcc. com. cn/xwzx/gsyw/2017/06/340536. shtml.

② 国家能源局. 风电发展"十三五"规划. http：//www. nea. gov. cn/2016 - 11/29/c_135867633. htm.

续表

资源区类别	资源区范围
Ⅲ类资源区	吉林省白城市、松原市；黑龙江省鸡西市、双鸭山市、七台河市、绥化市、伊春市、大兴安岭地区；甘肃省除嘉峪关市、酒泉市以外的其他地区；新疆维吾尔自治区除乌鲁木齐市、伊犁哈萨克自治州、克拉玛依市、石河子市以外其他地区；宁夏回族自治区
Ⅳ类资源区	除Ⅰ类资源区、Ⅱ类资源区、Ⅲ类资源区以外的其他地区

　　注：＊表示在国家发展和改革委员会 2016 年之前颁布的《全国陆上风力发电标杆上网电价表》中，云南省一直是在"Ⅳ类资源区"。

　　资料来源：笔者根据国家发展和改革委员会《全国陆上风力发电标杆上网电价表》相关数据整理而得。

（二）太阳能发电产业发展

　　除了风电以外，太阳能发电日益成为规模扩大迅速的可再生能源电力。根据国际能源署（International Energy Agency，IEA）的统计数据，截至 2022 年底，全球光伏累计装机容量超过 1183 吉瓦，其中，2022 年新增光伏装机容量约 240 吉瓦，占全球新增可再生能源装机容量的一半以上。[①] 虽然中国的太阳能电力产业起步较晚，但是，同样得益于政策支持，发展较为快速。从 2002 年开始实施光伏发电示范项目以来，太阳能发电的发电量和装机容量每年都在以较大幅度增加。根据国家能源局发布的《2022 年全国电力工业统计数据》，[②] 截至 2022 年底，全国太阳能发电装机容量约为 3.9 亿千瓦，同比增长 28.1%，占全球总装机容量比例达 32.97%。同时，2022 年中国新增光伏发电装机容量8741 万千瓦，光伏电力累计装机容量和新增装机容量两项指标均连续多年领跑全球。据国家能源局公布的最新全国光伏发电建设数据，[③] 截至

---

　　① 金融界 AI 电报 . https：//baijiahao. baidu. com/s? id = 1784683750444161912&wfr = spider &for = pc.

　　② 国家能源局 . 2022 年全国电力工业统计数据 . https：//www. gov. cn/xinwen/2023 - 01/18/ content_ 5737696. htm.

　　③ 国家能源局 . 2023 年光伏发电建设情况 . https：//www. nea. gov. cn/2024 - 02/28/c_ 1310765696. htm.

2023 年底，全国太阳能发电装机容量约 6.09 亿千瓦，同比增长 56.15%，全年光伏发电新增装机容量超 2.16 亿千瓦，光伏发电量 5833 亿千瓦时，同比增长 36.4%。[①] 2009~2023 年中国太阳能发电容量规模和并网电量，见图 3-7。

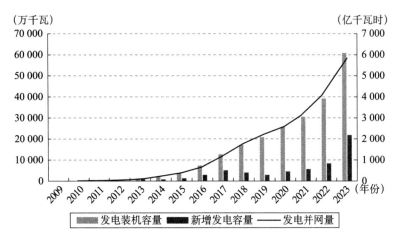

图 3-7 2009~2023 年中国太阳能发电容量规模和并网电量

资料来源：笔者根据国家能源局公布数据整理绘制而得。

和风电一样，虽然中国的太阳能电力产业受政策支持取得了快速发展，但一直伴随着严重的"弃光"现象。2014 年是中国太阳能发电产业的转折点，在此之前，中国太阳能发电规模较小。[②] 2014 年光伏产业初成规模之后，在主要的光伏发电区，如甘肃、青海、新疆等地区，有些地区的弃光率甚至达到 20%。此后，中国光伏电力的平均弃光率一直呈下降趋势，但在 2016 年之前，全国平均弃光率一直处于 10% 以上的高位。当前，总体来看，虽然中国的弃光率可以长时间维持在约 2% 的较低水平，但光伏电力的弃光电量仍有较大波动，且 2020 年之

---

① 北极星太阳能光伏网．https://baijiahao.baidu.com/s? id = 1791320145653782381&wfr = spider&for = pc.

② 2014 年之前中国的太阳能发电量很小，2013 年的发电量只有 84 亿千瓦时，到 2014 年，中国的太阳能发电量才"破百"，达到 235 亿千瓦时。

后呈现逐年增加态势，2023 年的弃光电量已超过 100 亿千瓦时。因此，实现弃光电量和弃光率双降，是未来中国电力市场化发展过程中要解决的重要问题。2014～2023 年中国太阳能发电弃光电量与弃光率情况，见图 3－8。

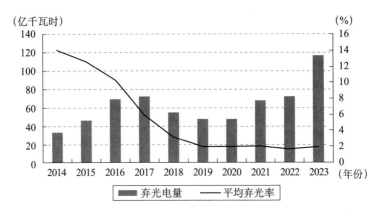

图 3－8　2014～2023 年中国太阳能发电弃光电量与弃光率情况

资料来源：笔者根据中电联《中国电力行业年度发展报告》的相关数据整理绘制而得。

综合来看，中国太阳能发电并网难的原因是多方面的。第一，因光电资源的分布限制：中国的光电资源优势（包括光照资源和土地资源等）主要集中于西部地区，而当地的光电消纳能力和光电外送能力却非常有限。第二，电网的规划建设和运行管理机制，在一定程度上制约了光伏电力的传输外送能力，特别是低压输配电网的不完善，使接收分布式光伏发电的能力受到很大限制。第三，最主要的原因在于，市场机制的欠缺，没能形成可靠的消纳市场，例如，跨省（区、市）的交易市场等。而且，政府制定的光伏电力标杆价格往往较高，在很大程度上限制了光伏电力的并网消纳。

为了促进光电产业发展，实现非化石能源电力市场渗透率增加的目标，中国每年都在稳定扩大光电的发展规模。按照《太阳能发展"十三五"规划》的既定目标，到 2020 年底，太阳能发电装机规模要达到 1.1

亿千瓦以上。其中，光伏发电装机规模要实现 1.05 亿千瓦以上。[①] 作为具体实施举措，中国制定了部分重点光电地区的发展目标。2020 年中国重点地区光电发展目标，见表 3-5。

表 3-5   2020 年中国重点地区光电发展目标

地区	省（区、市）	光伏发电建设规模（万千瓦）
华北地区	河北	1 200
	山西	1 200
	山东	1 000
	内蒙古	1 200
华东地区	江苏	800
	浙江	800
	安徽	600
华南地区	广东	600
西北地区	陕西	700
	青海	1 000
	宁夏	800
合计		9 900

资料来源：笔者根据国家能源局《太阳能发展"十三五"规划》相关数据整理而得。

在新一轮电力市场化改革之后，中国的能源电力市场会逐渐形成能源市场价格机制。和风电一样，为了提升光电的竞争能力，实现光电的并网消纳，光电的价格是关键。比较有利的是，随着光电发电规模扩大，特别是光伏发电技术的成熟，中国光伏发电的成本逐渐降低。为了实现在用电侧平价上网的目标，解决弃光弃电问题，按照政府规划，中国光伏电力 2020 年的价格水平要在 2015 年的基础上下降 50% 以上。当前，光伏电力并网价格主要按照政府制定的标杆电价。政府每年都会对光电标杆电价进行调整，并且，根据划分资源区的不同，光伏发电并网标杆电

---

① 国家能源局. 太阳能发展"十三五"规划. http：//zfxxgk. nea. gov. cn/auto87/201612/t20161216_2358. htm.

价也不同。中国光伏发电上网标杆电价情况，见表 3 – 6。中国光电资源区划分（2018 年实施），见表 3 – 7。表 3 – 6 和表 3 – 7 显示，在不同的光电资源区，中国光伏发电并网标杆电价在 2016 ~ 2018 年的变化情况。由表 3 – 6 中数据可知，纵向比较，在此期间，中国各个资源区的光电并网电价总体上逐渐降低。其中，Ⅰ 类资源区的最大降幅最大，达到 31.25%；Ⅲ 类资源区的最大降幅最小，约为 23.47%。横向比较，各光电资源区之间的并网标杆电价存在差异。其中，光电资源优势较为明显的 Ⅰ 类资源区并网标杆价格最低，Ⅲ 类资源区的光电标杆电价最高。

表 3 – 6　中国光伏发电上网标杆电价情况 *　　　单位：元/千瓦时

执行时间		Ⅰ类资源区	Ⅱ类资源区	Ⅲ类资源区	出台时间
2016 年 1 月 1 日后备案项目和以前备案但在 2016 年 6 月 30 日以前仍未全部投入运营		0.80	0.88	0.98	2015 年 12 月 22 日
2017 年 1 月 1 日后备案项目和以前备案但在 2017 年 6 月 30 日以前仍未全部投入运营		0.65	0.75	0.85	2016 年 12 月 26 日
2018 年 1 月 1 日后备案项目和以前备案但在 2018 年 6 月 30 日以前仍未全部投入运营	普通电站	0.55	0.65	0.75	2017 年 12 月 19 日
	村级扶贫电站	0.65	0.75	0.85	

注：* 在中国的光电并网标杆电价制定中，西藏自治区的光伏标杆电价是另行制定的。其中，西藏自治区在 2017 年和 2018 年的光伏并网标杆电价按照 1.05 元/千瓦时收取。

资料来源：笔者根据国家发展和改革委员会历年《全国光伏发电上网标杆电价表》相关数据整理而得。

表 3 – 7　中国光电资源区划分（2018 年实施）

资源区类别	资源区范围
Ⅰ类资源区	青海海西，宁夏，甘肃武威、敦煌、嘉峪关、金昌、张掖、酒泉，新疆的塔城、克拉玛依、哈密、阿勒泰，内蒙古除通辽市、赤峰市、呼伦贝尔市、兴安盟以外的地区

续表

资源区类别	资源区范围
Ⅱ类资源区	黑龙江，辽宁，吉林，北京，天津，内蒙古通辽市、赤峰市、呼伦贝尔市、兴安盟地区，河北承德、张家口、唐山、秦皇岛，山西大同、朔州、忻州、阳泉，陕西延安、榆林，四川、云南、青海、甘肃、新疆除Ⅰ类资源区以外的其他地区
Ⅲ类资源区	除Ⅰ类、Ⅱ类资源区以外的其他地区

资料来源：笔者根据国家发展和改革委员会《2018 年全国光伏发电上网电价表》的相关数据整理而得。

第四节　本章小结

与常规能源电力相比，可再生能源电力市场具有新的市场结构特征。在发展初期，政府的政策支持有利于可再生能源电力避免市场波动带来的风险。但从国内外电力行业的长期发展历程看，电力市场化改革是电力工业发展的普遍规律。要实现可再生能源电的可持续发展，必须谋求电力资源配置由市场决定，实现电力行业市场主体生产、消费和投资的有效性。

可再生能源电并网的复杂性，使得可再生能源电并网消纳成为所有发展绿电的国家（地区）都会面临的问题。中国当前严重的弃风、弃光限电问题是多方面原因造成的，但综合来看其主要原因包括两点。第一，落后的电力运行机制已无法满足可再生能源规模化发展的要求。传统的常规能源电力系统灵活性不足，无法完全满足可再生能源的并网要求。电力市场价格机制不完善；产业链中各主体的责任及义务不明确；电力市场供给与需求不平衡、不协调；绿电全额收购的保障性政策难以落实，造成"重建设、轻利用"的现象。第二，中国绿电开发利用对政策的依赖度较高。受政策鼓励，可再生能源电力可以获得较高补贴，但是，随着规模化发展，绿电补贴资金缺口必将扩大，这使得可再生能源的可持续发展受到限制。要解决上述问题，必须构建有效竞争的电力市场结构体系，关键是要形成市场定价机制。因此，基于其他地区实施可再生能源发电并网的成功案例及寻求可再生能源的可持续发展，为了解决可再生能源发电并网定价的问题，应以绿电价格形成的市场化作为改革的主要导向，从协调可再生能源电力产业链上下游各方利益入手，综合考虑政府的规制作用，构建竞争条件下的能源市场价格机制。本书也将以该理念为指导，在新一轮电力市场化改革后形成混合电力市场的背景下，通过考察可能的不同可再生能源电力市场结构，探究可再生能源发电并网定价的决策问题，希望为政府解决绿电可持续发展问题提供理论支持。

第四章 供给—电价不确定下单一可再生能源电力市场发电并网决策

市场需求波动和市场价格变化是相互影响并相互反映的。考虑可再生能源电力市场政府限制性定价的情形，在电力供给一定的情况下，电力需求增加会导致电价上涨；反之，电价下降。因此，为了满足电力市场实时平衡，需要通过调节实时电价实现。在单一发电商直购电模式下，绿电发电商面对的需求不确定性是电价的波动性，要调节绿电市场电力平衡，需要研究绿电供电量与电价波动反映的需求量波动的供需平衡。因此，本章在单一可再生能源发电商和单一售电商（电网公司）构成的基准电力市场结构模型中，考虑政府限制性定价下电价波动引起的需求不确定性及绿电发电产出随机性引起的电力供给不确定性，基于纵向电力产业链各方的利益协调，探讨可再生能源电的并网定价策略。

第一节 问题描述与模型设计

一、问题描述

本章针对绿电发电产出与电力市场需求均为随机的情形，考虑绿电发电投资成本损失和电网公司接收可再生能源发电上网需要调峰、储能、抗谐波等输配送成本，同时，政府充当制定菜单合约的第三方，按照发电量对绿电发电商和电网公司进行补贴。一方面，为了鼓励可再生能源利用，政府会让绿电发电商发出的电全部上网；另一方面，若政府按照需求侧进行补贴，因绿电发电的不稳定性和并网的高成本性，电网公司会有很大动机减少可再生能源并网量，这不利于可再生能源利用。这就要求政府按照供给侧的并网发电量进行补贴，绿电发电商和电网公司则分别按照一定比例获取相应补贴。为了协调绿电发电商和电网公司之间的利益，本章通过制定收益共享合约解决可再生能源并网的困境。绿电发电商和电网公司决策合意模型，见图4-1。在该协调模式下，绿电发电商决定电力投资；电网公司在政府指导性定价的基础上决定电力销售价格 p 公司，然后，将电力销售至电力用户；政府分别对绿电发电商和电网公司进行绿电补贴。绿电发电商和电网公司事先签订收益共享合约：绿电发电商以低于成本的批发电价 w 并网，电网公司则只保留售电收益的 Φ 部分（$\Phi \in (0, 1)$），将 $1-\Phi$ 收益的部分分享给绿电发电商，继而在实现电力产业链上下游各方及整体利润最大化的基础上促进绿电发电并网消纳。

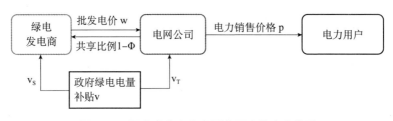

图4-1　绿电发电商和电网公司决策合意模型

资料来源：笔者绘制。

二、相关变量及模型假设

本章中所用到的相关变量和参数符号及参数说明，见表4-1。

表 4 – 1　相关变量和参数符号及参数说明

参数符号	参数说明
w	绿电发电商上网批发电价
Q	绿电发电量，随机变量
y	绿电发电产出随机因子，E（y）= μ
i	绿电发电商的电力投资，投入产出系数为 γ
c_s	绿电发电商电力投资的边际成本
π_s	发电商的期望利润
D	电力市场需求量，随机变量
ε	电力市场需求随机扰动因子，其概率分布为 f（·），分布函数为 F（·）
η	电力产品的需求价格弹性值
p	电力市场销售电价
c_r	电网公司接收绿电单位并网成本
Φ	电网公司获取的收益共享分成比例
π_r	电网公司的期望利润
Π	产业链整体期望利润
v	政府对电力产业链上下游企业的单位电量补贴，外生变量
a	政府绿电补贴分配比例
v_s	绿电发电商获取的政府绿电补贴，$v_s = av$
v_r	电网获取的政府绿电补贴，$v_r =$（1 − α）v

资料来源：笔者整理。

为了便于研究，本章引入以下四个假设条件。

（1）本章探讨由一家绿电发电商和一家电网公司组成的"一对一"电力产业链中单期定价决策，并且，产业链上下游参与者是信息对称的。

（2）电网公司全额接收绿电发电并网。

（3）电力产业链上绿电发电商和电网公司都是理性且风险中性的。

（4）在当前的电力技术水平下，电力不可以大规模储存，没有残值收益；同时，电力供给满足需求，不考虑缺电损失。

三、电力产出和市场需求函数

可再生能源发电在随机产出和随机需求扰动下,一方面,电力市场需求表达函数借鉴卢烨和列维(Lu and Levi, 2013)的研究方法: $D(p) = d(p)\varepsilon$,同时借鉴佩特鲁兹和达达(Petruzzi and Dada, 1999)的研究成果[①]: $d(p) = ap^{-\eta}$ ($a > 0$, $\eta > 0$)。其中,电力市场需求的随机性用随机扰动因子 $\varepsilon \sim U[0, 1]$ 描述。另一方面,对于可再生能源电力产出的不确定性,借鉴吉里等(Giri et al., 2016)、古勒尔和比尔基奇(Güler and Bilgiç, 2009)的研究成果,可采用随机比例产出模型描绘: $Q = y\gamma i$,它是生产规模报酬不变函数。其中,随机产出因子描述为: $y \sim U[0, 1]$。可再生能源电期望产出可表示为: $E(Q) = E(y\gamma i) = \mu\gamma i$。因此,随机电力产出和随机市场需求函数的分布表达为: $Q \sim U[0, \gamma i]$, $D \sim U[0, d(p)]$,可以分别得到其累积分布函数为:

$$F(Q) = \begin{cases} 0, & Q < 0 \\ Q/\gamma i, & 0 \leq Q < \gamma i, \\ 1, & Q \geq \gamma i \end{cases} \quad F(D) = \begin{cases} 0, & D < 0 \\ D/d(p), & 0 \leq D < d(p)。 \\ 1, & D \geq d(p) \end{cases}$$

四、发电商和电网公司合意模型

分别对发电商和电网公司求期望利润,发电商以较低价格 w 将电力产品销售给电网并获得电网份额($1 - \Phi$)比例的售电收益。

绿电发电商、电网公司及电力产业链的期望利润函数分别为:

绿电发电商的期望利润:

$$\pi_s = (1 - \Phi)pE[\min(Q, D)] + wE(Q) - c_s i + v_s E(Q) \quad (4-1)$$

[①] 价格与需求的方差是否有关是其形式选择的标准,具体假设了如果存在一个无风险的价格水平,在需求不确定下,单期售电商期望利润最大化时最优价格水平大于无风险的价格水平,选择乘法形式的需求价格函数。

电网公司期望利润：

$$\pi_r = \Phi p E\left[\min\left(Q, D\right)\right] - wE\left(Q\right) - c_r E\left(Q\right) + v_r E\left(Q\right)$$

$$(4-2)$$

电力产业链整体期望利润：

$$\Pi = p E\left[\min\left(Q, D\right)\right] - c_s i - c_r E\left(Q\right) + v E\left(Q\right) \quad (4-3)$$

电力产出 $Q = y\gamma i$，$y \sim U\left[0, 1\right]$；电力市场需求 $D\left(p\right) = d\left(p\right)\varepsilon$，$\varepsilon \sim U\left[0, 1\right]$。本章参考赵霞和吴方卫（2009）的研究方法，设定一个新的变量 $Z = \min\left(Q, D\right)$，可以推导出 Z 的分布函数为 $1 - \left(1 - F_Q\left(Z\right)\right)\left(1 - F_D\left(Z\right)\right)$。

（1）当 $\gamma i \leqslant d(p)$ 时，分布函数 $F(Z) = \begin{cases} 0, & Z < 0 \\ \left(\dfrac{1}{\gamma i} + \dfrac{1}{d\left(p\right)}\right)Z - \dfrac{Z^2}{\gamma i d\left(p\right)}, & 0 \leqslant Z < \gamma i, \\ 1, & Z \geqslant \gamma i \end{cases}$

密度函数 $f_z\left(Z\right) = \begin{cases} \dfrac{1}{\gamma i} + \dfrac{1}{d\left(p\right)} - \dfrac{2Z}{\gamma i d\left(p\right)}, & 0 \leqslant Z < \gamma i \\ 0, & \text{其他} \end{cases}$，可以得到期望：

$$E\left(Z\right) = \int_{-\infty}^{+\infty} Z f_z\left(Z\right) dZ = \int_0^{\gamma i} Z\left(\frac{1}{\gamma i} + \frac{1}{d\left(p\right)} - \frac{2Z}{\gamma i d\left(p\right)}\right) dZ = \frac{1}{2}\gamma i\left(1 - \frac{\gamma i}{3d\left(p\right)}\right)。$$

（2）当 $\gamma i > d(p)$ 时，分布函数 $F(Z) = \begin{cases} 0, & Z < 0 \\ \left(\dfrac{1}{\gamma i} + \dfrac{1}{d\left(p\right)}\right)Z - \dfrac{Z^2}{\gamma i d\left(p\right)}, & 0 \leqslant Z < d\left(p\right), \\ 1, & Z \geqslant d\left(p\right) \end{cases}$

密度函数 $f_z\left(Z\right) = \begin{cases} \dfrac{1}{\gamma i} + \dfrac{1}{d\left(p\right)} - \dfrac{2Z}{\gamma i d\left(p\right)}, & 0 \leqslant Z < d\left(p\right) \\ 0, & \text{其他} \end{cases}$，可以得到期

望：$E\left(Z\right) = \int_{-\infty}^{+\infty} Z f_z\left(Z\right) dZ = \int_0^{d(p)} Z\left(\dfrac{1}{\gamma i} + \dfrac{1}{d\left(p\right)} - \dfrac{2Z}{\gamma i d\left(p\right)}\right) dZ = \dfrac{1}{2}d\left(p\right)\left(1 - \dfrac{d\left(p\right)}{3\gamma i}\right)。$

综合（1）和（2）两种分析情形，得到式（4-4）的结果：

$$R(p,i) = pE\left[\min(Q,D)\right] = \begin{cases} \dfrac{1}{2}\gamma ip\left(1-\dfrac{\gamma i}{3d(p)}\right), & \gamma i \leqslant d(p) \\[3mm] \dfrac{1}{2}pd(p)\left(1-\dfrac{d(p)}{3\gamma i}\right), & \gamma i > d(p) \end{cases}$$

$$(4-4)$$

式（4-4）是关于变量销售价格 p 和发电投资 i 的连续多项式函数，为简化分析，本章令随机产出因子 y 和需求扰动因子 ε 均服从均匀分布。当然，当上述随机扰动因子服从正态分布或其他更复杂的分布函数时，也可得到类似式（4-4）的相应结果。整理式（4-1）~式（4-4），并借鉴卡松和拉里维尔（Cachon and Lariviere, 2005）构建的利润函数，可得到更一般化的期望利润函数式（4-5）~式（4-7）：

绿电发电商的期望利润：

$$\pi_s(p,i) = (1-\Phi)R(p,i) - (c_s - \mu\gamma w - \mu\gamma v_s)i = \pi_{s0}(p,i)$$

$$(4-5)$$

电网公司的期望利润：

$$\pi_r(p,i) = \Phi R(p,i) - (w + c_r - v_r)\mu\gamma i = \pi_{r0}(p,i) \quad (4-6)$$

电力产业链的期望利润：

$$\Pi(p,i) = R(p,i) - (c_s + \mu\gamma c_r - \mu\gamma v)i = \Pi_0(p,i) \quad (4-7)$$

根据上述利润函数可知，绿电发电商、电网公司和电力产业链的期望利润函数均是关于售电价格 p 和电力投资 i 的二元函数。如果电力产业链能实现协调，应满足的条件是：在产业链上下游各成员自身期望利润最大化的同时，电力产业链的整体期望利润可以实现最大化。在模型中，政府作为独立的第三方参与进来，其通过制定指导性电力价格并提供政府绿电补贴以使电力产业链期望利润最大化。并且，电力产业链整体收益最大化时的电力售价 p 将作为绿电发电商制定发电投资 i 决策的参考变量。

第二节　利益协调模型求解

一、利益协调条件

由式（4-5）~式（4-7）可以发现，电力产业链各方期望利润函数方程的形式是相似的，通过变换，可以得到一个具有统一形式的关于决策变量 p 和决策变量 i 的产业链协调目标函数：

$$\max_{p,i} \pi\ (p,\ i)\ = hR\ (p,\ i)\ - li \qquad (4-8)$$

在式（4-8）中，参数 h 和参数 l 是与决策变量 p 和决策变量 i 无关的常量，$0 < h \leqslant 1$，$l > 0$。若令 h 分别取 1、Φ 和 $1-\Phi$，我们可以将式（4-5）~式（4-7）变换为如式（4-8）所示的统一形式利润函数。此时，参数 l 的值分别是 $(c_s + \mu\gamma c_r - \mu\gamma v)$、$(w + c_r - v_r)\ \mu\gamma$ 和 $(c_s - \mu\gamma w - \mu\gamma v_s)$。

由式（4-4）和式（4-8）可知，其是连续且可导的。因此，利润目标函数 $\max\pi\ (p,\ i)$ 分别对销售电价 p 和发电投资 i 求一阶偏导数，可以得到式（4-9a）~式（4-9d）的结果：

$$\frac{\partial \pi\ (p,\ i)}{\partial p} = h\frac{\partial R\ (p,\ i)}{\partial p} = h\begin{cases} \dfrac{1}{2}\gamma i - (\eta + 1)\ \dfrac{(\gamma i)^2}{6d\ (p)}, \ i \leqslant d\ (p) & (4-9a) \\[3mm] (2\eta - 1)\ \dfrac{d^2\ (p)}{6\gamma i} - (\eta - 1)\ \dfrac{d\ (p)}{2}, \ i > d\ (p) & (4-9b) \end{cases}$$

$$\frac{\partial \pi\ (p,\ i)}{\partial i} = h\frac{\partial R\ (p,\ i)}{\partial i} - l = \begin{cases} h\left(\dfrac{1}{2}\gamma p - \dfrac{\gamma^2 ip}{3d\ (p)}\right) - l, \ i \leqslant d\ (p) & (4-9c) \\[3mm] h\dfrac{pd^2\ (p)}{6\gamma i^2} - l, \ i > d\ (p) & (4-9d) \end{cases}$$

由式（4-9a）~式（4-9d）可知，利润函数 $\pi\ (p,\ i)$ 关于决策变量 p 和决策变量 i 的一阶偏导数取值与电力产品需求价格弹性 η 有关，即 η 的不同取值将影响利润函数 $\pi\ (p,\ i)$ 最大化时最优的 p 和 i 值的大小。为了便于分析需求价格弹性 η 对电力产业链上下游各方的决策影响，本章在这一部分假设可再生能源发电商的投入产出系数 $\gamma = 1$，并提出命题 4-1。

命题 4-1：当电力市场的需求价格弹性大小满足 $\eta \in (0, 1]$ 时，利润目标函数 $\pi (p, i)$ 是售电价格 p 的增函数恒成立，不存在使利润最大化的最优售电价格，且有：（1）为了保证绿电产业链较高的利润水平促进其并网消纳，政府制定的电力市场销售价格 p_0 不能太低；（2）满足绿电发电商利润最大化水平的最优电力投资 i_0^* 在式（4-9c）或式（4-9d）为零时取得，即绿电发电商最优投资 i_0^* 为：

$$i_0^* = \begin{cases} \dfrac{3d\ (p_0)}{\gamma^2 p_0}\left(\dfrac{\gamma p_0}{2} - \dfrac{1}{h}\right), & i \leqslant d\ (p) \\[4mm] d\ (p_0)\ \sqrt{\dfrac{hp_0}{6\gamma l}}, & i > d\ (p) \end{cases}$$

证明：$\eta \in (0, 1]$ 时，当 $i \leqslant d\ (p)$，通过计算得式（4-9a） > 0，即说明发电投资固定时，利润目标函数 $\pi (p, i)$ 是电力销售价格 p 的增函数。因 $d\ (p)$ 是关于价格 p 的减函数，当 p 增加到一定值时必有 $d\ (p) < i$ 成立。此时，利润函数最优化决定条件（一阶偏导条件）变为式（4-9b）。计算可知，一阶偏导条件（4-9b） > 0 仍成立，即 $\pi (p, i)$ 仍是 p 的增函数。结果表明，在没有售价限制时，电网公司利润最大化的电力售价为 $p \rightarrow +\infty$。事实上，电力销售市场价格均会受到政府管制，政府会制定一个相对合理的售电价格限值 p_0。此时，电网公司则根据此价格预期，基于自身期望收益最大化目标对接收可再生能源电进行决策。此时，绿电发电商也会为满足自身利润最大化决定最优的发电投资 i_0^*。若给定一个售电价格 p_0，根据式（4-9c）和式（4-9d），可求得绿电发电商利润 $\pi (p, i)$ 对发电投资 i 的二阶偏导 $\partial^2 \pi (p, i) / \partial i^2 < 0$，表明存在最优的投资 i_0^* 使利润 $\pi (p, i)$ 最大化，可根据两式的一阶偏导零值条件求得该最优投资数值 i_0^*。

由命题 4-1 结论可知，当政府在缺乏需求价格弹性（$\eta \in (0, 1]$）的电力市场具有定价权时，政府可以基于电力产业链整体利润最大化目标制定合理的指导电价 p_0。由式（4-8）可知，这一指导电价同样满足产业链上绿电发电商和电网公司的利润最大化条件。即在一定的指导电价下，可以找到一个电价水平使得电力产业链上下游各方实现利益协调。在电力销售价格固定后，绿电发电商也可基于自身收益最大化决策最优发电投资。

在现实中，为了刺激绿电产业发展，政府往往会实施固定并网电价政策和绿电补贴政策，并且，这些政策实际上也有效增加了绿电投资规模。但是，过度单方面刺激绿电投资，也给可再生能源电力产业可持续发展带来负面影响。以中国风电产业发展为例，政府激励政策使绿电供给端快速发展，风机装机容量不断取得突破。但与此同时，发电投资商的逐利行为造成了许多"跑马圈地"现象，装机无法实现并网，造成了资源浪费。因此，在电力市场未实现完全竞争的条件下，为了鼓励电网更多接收绿电，政府应该从电力产业链利益协调的角度看待绿电发展。在电力市场需求价格缺乏弹性时，政府制定的电力销售指导价格不能太低，应在满足上游绿电发电商、下游电网和政府多方合意的前提下解决绿电并网困境。

命题 4-2：当电力市场的需求价格弹性大小满足 $\eta \in (1, 2]$ 时，实现利润目标函数 $\pi(p, i)$ 最大化的驻点 (p_1^*, i_1^*) 满足关系式 $d(p_1^*) = 3\gamma i_1^* (\eta - 1) / (2\eta - 1)$，最大化利润为 $\pi(p_1^*, i_1^*)$。该驻点 (p_1^*, i_1^*) 处各变量的数值由式（4-9b）和式（4-9d）取零值的方程确定：

$$\begin{cases} (2\eta - 1) \dfrac{d^2(p)}{6\gamma i} - (\eta - 1) \dfrac{d(p)}{2} = 0 \\ h \dfrac{d^2(p)}{6\gamma i^2} p - 1 = 0 \end{cases} \tag{4-10}$$

从而得到：$p_1^* = \dfrac{2l}{3\gamma h}\left(\dfrac{2\eta - 1}{\eta - 1}\right)^2$，$i_1^* = \dfrac{a}{3\gamma}\left(\dfrac{2l}{3\gamma h}\right)^{-\eta}\left(\dfrac{2\eta - 1}{\eta - 1}\right)^{-2\eta + 1}$。

证明： 需求价格弹性 $\eta \in (1, 2]$ 时，当 $i \leq d(p)$，易知式（4-9a）>0，意味着当绿电电力投资 i 固定时，利润函数 $\pi(p, i)$ 为售电价格 p 的增函数，利润会在 $i \leq d(p)$ 范围内随售电价格提高逐渐增大。但 $d(p)$ 是关于价格 p 的减函数，随着 p 的增加，$d(p)$ 逐渐减小。当价格 p 增加至一定值时，有关系 $i > d(p)$ 成立，一阶偏导条件转由式（4-9b）决定。计算该一阶偏导条件可知，当满足 $d(p) \in [3\gamma i(\eta - 1) / (2\eta - 1), i]$ 条件时，有一阶偏导条件式（4-9b）>0，表明利润函数 $\pi(p, i)$ 在该范围内关于电力售价 p 是单调递增的。当 $d(p) = 3\gamma i(\eta - 1) / (2\eta - 1)$ 时，满足一阶偏导零值条件式（4-9b）$=0$，利润实现最大化。当价格 p 继续提高到大于这一均衡点时，有式（4-9b）<0，即利润 $\pi(p, i)$ 值将逐渐减小。因此，当电力投资 i 固定时，在 $i > d(p)$ 范围内存在最优的售电价格满足利润最大化。而对于发电投资的一阶偏导条件式（4-9c）和式（4-9d），通过计算可知，无论 η 如何变化，都存在满足一阶偏导零值条件的 i 值。因此，当需求弹性大小满足 $\eta \in (1, 2]$ 时，根据驻点的分布情况，只需要讨论在 $i > d(p)$ 范围内的最大值存在问题，即由式（4-9b）和式（4-9d）决定的驻点处是否存在最大值。进一步利用二元函数最大值判定条件，计算可知，由式（4-9b）和式（4-9d）决定的满足利润最大化条件的驻点是存在的，结合关系式（4-10），可求得该驻点为 (p_1^*, i_1^*)。证毕。

基于二元函数最大值存在性判定方法求解最优驻点的证明如下。

证明： 设多元函数 $Z = f(x, y)$ 在 (x_0, y_0) 处连续，且 $f_x(x_0, y_0) = f_y(x_0, y_0) = 0$，令 $f_{xx}(x_0, y_0) = A$，$f_{xy}(x_0, y_0) = B$，$f_{yy}(x_0, y_0) = C$，则有：

①$AC - B^2 > 0$ 时，极值存在，且当 $A < 0$ 时有极大值、当 $A > 0$ 时有极小值；

②$AC - B^2 < 0$ 时，极值不存在；

③$AC - B^2 = 0$ 时，极值存在性不定，需要进一步讨论。

根据以上方法，结合本章中的利润函数 π（p，i），假定 $A = \partial^2\pi$（p，i）/∂p^2，$B = \partial^2\pi$（p，i）/（$\partial i \partial p$），$C = \partial^2\pi$（p，i）/∂i^2，再结合式（4-9）可得：

$$A = \frac{\partial^2\pi（p，i）}{\partial p^2} = h\frac{\partial^2 R（p，i）}{\partial p^2} =$$

$$h\begin{cases} -\eta（\eta+1）\dfrac{（\gamma i）^2}{6pd（p）}, & i \leq d（p） & （\mathrm{I}a） \\[3mm] -2\eta（2\eta-1）\dfrac{d^2（p）}{6\gamma ip} + \dfrac{\eta（\eta-1）}{2p}d（p）, & i > d（p） & （\mathrm{I}b） \end{cases}$$

$$C = \frac{\partial^2\pi（p，i）}{\partial i^2} = h\frac{\partial^2 R（p，i）}{\partial i^2} = h\begin{cases} -\dfrac{\gamma^2 p}{3d（p）}, & i \leq d（p） & （\mathrm{II}a） \\[3mm] -\dfrac{pd^2（p）}{3\gamma i^3}, & i > d（p） & （\mathrm{II}b） \end{cases}$$

$$B = \frac{\partial^2\pi（p，i）}{\partial i \partial p} = h\frac{\partial^2 R（p，i）}{\partial i \partial p} = h\begin{cases} \dfrac{\gamma}{2} - \dfrac{（1+\eta）\gamma^2 i}{3d（p）}, & i \leq d（p） & （\mathrm{III}a） \\[3mm] \dfrac{（1-2\eta）}{6\gamma i^2}d^2（p）, & i > d（p） & （\mathrm{III}b） \end{cases}$$

（1）当 $\eta \in$（1，2］时，驻点（p_1^*，i_1^*）满足关系式 $d（p_1^*）= 3\gamma i_1^*（\eta-1）/（2\eta-1）$，由式（Ⅰb）、式（Ⅱb）和式（Ⅲb）可得：

$$\begin{cases} A = -\dfrac{h\eta（\eta-1）}{2p_1^*}d（p_1^*） < 0 \\[4mm] C = -\dfrac{hp_1^* d^2（p_1^*）}{3\gamma（i_1^*）^3} < 0 \\[4mm] B = -\dfrac{h（2\eta-1）}{6\gamma（i_1^*）^2}d^2（p_1^*） < 0 \end{cases}$$

则 $AC - B^2 = \dfrac{h^2（\eta-1）d^3（p_1^*）}{12\gamma（i_1^*）^3} > 0$。因此，利润 π（p，i）在驻点

（p_1^*，i_1^*）处是存在极值的。由 $A < 0$ 可知，该驻点处对应的极值为利润最大值。

（2）同理可证，当价格弹性大小 $\eta \in （2，+\infty）$ 时，驻点（p_2^*，i_2^*）满足关系式 $d（p_2^*）= \gamma i_2^*（\eta + 1）/3$，由式（Ⅰa）、式（Ⅱa）和式（Ⅲa）可得：

$$
\begin{cases}
A = -\dfrac{h\eta\gamma i_2^*}{2p_2^*} < 0 \\[2mm]
C = -\dfrac{h\gamma p_2^*}{（\eta + 1）i_2^*} < 0 \\[2mm]
B = -\dfrac{h\gamma}{2} < 0
\end{cases}
$$

则 $AC - B^2 = \dfrac{h^2\gamma^2（\eta - 1）}{4（\eta + 1）} > 0$。因此，利润 $\pi（p，i）$ 在驻点（p_2^*，i_2^*）处也是存在极值的。同样，由 $A < 0$ 可知，该驻点处对应的极值为利润最大值。证毕。

电力市场的需求价格弹性，反映了下游电力市场的竞争程度。当电力产业链引入竞争机制后，绿电产品面临的市场需求价格弹性将增大。当市场需求价格弹性大小为 $\eta \in （1，2]$ 时，不同于缺乏需求价格弹性的情形，政府的指导性售电价格不能过高，而应基于电力产业链整体和上下游各方的利益协调，满足利润最大化的驻点价格 p_1^*。否则，价格过高会加剧绿电并网难的困境；价格过低不能实现各方利润最大化。同样地，绿电发电商会基于这一最优价格决策自身的发电投资 i_1^*。

p_1^*、i_1^* 与 η 的变化关系，见图 4-2。当 $\eta \in （1，2]$ 时，分别取常量 $a = 100$，$\gamma = 1$，$1/h = 1$，可以得到驻点电价 p_1^* 和驻点电力投资 i_1^* 分别与需求价格弹性 η 的变化关系。可以发现，在 $\eta \in （1，2]$ 范围内，随着 η 的增加，最优决策值 p_1^*、最优决策值 i_1^* 都是减小的，但 p_1^* 的变化幅度相较于 i_1^* 更加明显。随着价格弹性继续增加，两个变量减小的幅度越来越小，直至趋于平缓，说明电力市场的竞争强度越大，电力销售商越倾向于价格接受，发电商的发电投资量也趋于稳定，但投资量很低。

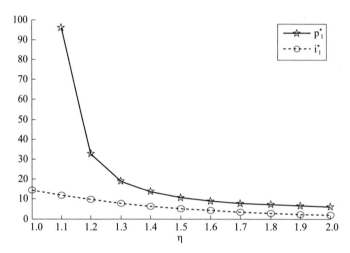

图 4-2　p_1^*、i_1^* 与 η 的变化关系

资料来源：笔者根据 MATLAB 软件计算绘制而得。

命题 4-3：当电力市场的需求价格弹性大小满足 η ∈（2，＋∞）时，实现利润目标函数 π（p，i）最大化的驻点（p_2^*，i_2^*）应满足关系式 d（p_2^*）＝γi_2^*（η＋1）/3，驻点对应的最大化利润为 π（p_2^*，i_2^*）。该驻点（p_1^*，i_1^*）数值由一阶偏导零值条件关系式（4-9a）和一阶偏导零值条件关系式（4-9c）确定：

$$
\begin{cases}
\dfrac{1}{2}\gamma i - (\eta+1)\dfrac{(\gamma i)^2}{6d(p)} = 0 \\[2mm]
h\left(\dfrac{1}{2}\gamma p - \dfrac{\gamma^2 ip}{3d(p)}\right) - l = 0
\end{cases}
\tag{4-11}
$$

计算得到：$p_2^* = \dfrac{2l}{\gamma h}\left(\dfrac{\eta+1}{\eta-1}\right)$，$i_2^* = \dfrac{3a}{\gamma}\left(\dfrac{2l}{\gamma h}\right)^{-\eta}\dfrac{(\eta+1)^{-\eta-1}}{(\eta-1)^{-\eta}}$。

证明：需求价格弹性大小 η ∈（2，＋∞）时，当 i ≤ d（p）时，若一阶偏导条件（4-9a）＞0，则 d（p）＞γi（η＋1）/3 成立；当 d（p）＝γi（η＋1）/3时，一阶偏导取零值，即（4-9a）＝0。表明在 i ≤ d（p）

范围内，存在最优解使利润函数 π（p，i）取极大值。d（p）是关于价格 p 的减函数，随着 p 的提高，一阶偏导条件满足式（4-9a）<0。若 p 继续提高，使 i>d（p）时，一阶偏导条件转变为式（4-9b）。分析可知，当 $\eta \in$（2，+∞）时，式（4-9b）<0，即 π（p，i）是关于 p 的减函数，p 值越小，利润值才可能最大化。因此，在 $\eta \in$（2，+∞）范围内，当 i≤d（p）时，π（p，i）才存在最大值，取最大值时的驻点将由式（4-9a）和式（4-9c）决定。根据上述最大值判定条件，并结合式（4-11），得此时的驻点（p_2^*，i_2^*）。证毕。

具体而言，本章将命题4-3作为一种可能的极端市场情形进行分析讨论。随着电力市场化程度加深，电力产业链竞争强度不断增大，当电力市场需求价格极富弹性时（$\eta \in$（2，+∞）），不同于命题4-1和命题4-2讨论的情形，政府的指导性定价也将发生变化。满足电力产业链及上下游各方利润最大化的最优售电价格和最优绿电投资，分别为 p_2^* 和 i_2^*。只有满足这一条件的决策机制，才能实现绿电发电商、电网公司和政府间的合意结果。

p_2^*、i_2^* 与 η 的变化关系，见图4-3。由图4-3可知，当电力市场的需求价格弹性大小满足 $\eta \in$（2，+∞）时，赋值常量 a=100，γ=1，l/h=3，同样可以得到该情形下最优电价 p_2^* 和最优绿电投资 i_2^* 分别与需求价格弹性 η 的变化关系。可以发现，在 $\eta \in$（2，5）范围内，随着电力需求价格弹性的增大，最优驻解 p_2^* 和最优驻解 i_2^* 均急剧减小；当 η>5 时，最优电力销售价格 p_2^* 会缓慢下降直至降到某一最小值保持不变。这说明，若电力需求价格是富有弹性的，弹性越大，表示电力市场的竞争强度越大，当 η 增加到某一值时，电力市场已达到完全竞争的状态，售电商成为完全价格接受者。而此时最优可再生能源电力投资 i_2^* 则会降至零值附近。这表明，当电力市场需求价格弹性足够大时，市场处于完全竞争状态，此时需求市场售电价格很低，因为绿电间歇性发电特征带来的较高并网调峰成本和沉没成本，所以，绿电发电商和电网公司均无利可图，这也使得追求利润最大化的发电商不会再继续进行绿电的电力投资。

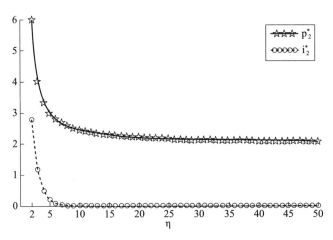

图4-3 p_2^*、i_2^* 与 η 的变化关系

资料来源：笔者根据 MATLAB 软件计算绘制而得。

驻点分布，见表4-2。表4-2描述的是，针对不同的需求价格弹性，基于产业链利润最大化目标，满足利润函数关于决策变量一阶偏导零值条件的最优解（驻点）分布情况。基于命题4-1～命题4-3的分析结果可知，同时实现可再生能源电力产业链上下游各方利润最大化的最优电力销售价格 p 和绿电投资 i 的大小受电力需求价格弹性 η 影响。当电力市场需求价格缺乏弹性时（$\eta \in (0, 1]$），电力产业链利润函数是关于售价的增函数，根据政府制定的指导性电价，绿电发电商具有最优发电投资量；当电力市场需求价格富有弹性时（$\eta > 1$），分别存在唯一的最优售电价格和绿电投资量满足产业链利润最大化的条件。实际上，电力市场往往是缺乏价格弹性的。因此，上述需求价格富有弹性的情形分析，更多的是作为一种理论情形进行探讨。但是，随着电力市场化改革的不断深入，上述结论对电力行业和相似行业的市场定价实践具有重要的理论参考价值。

表 4-2　驻点分布

η 的变化区间	$\partial \pi (p, i) /\partial p =0$		$\partial \pi (p, i) /\partial i =0$	
	$i \leqslant d (p)$	$i > d (p)$	$i \leqslant d (p)$	$i > d (p)$
$\eta \in (0, 1]$	N	N	Y	Y
$\eta \in (1, 2]$	N	Y	Y	Y
$\eta \in (2, +\infty)$	Y	N	Y	Y

注：Y 为存在满足一阶偏导零值条件的驻点，N 为不存在驻点。
资料来源：笔者计算整理而得。

二、不同需求价格弹性的电力产业链协调条件

在电力产业链上，当分散决策时，绿电发电商、电力产业链和电网公司分别存在最优的决策变量 (p, i) 以满足自身利润最大化。因此，实现产业链协调，即探讨是否存在某一特定的决策变量集合可以同时满足三者利益最优。在电力需求价格缺乏弹性的电力市场中，可再生能源电实行政府定价及优先并网，如果政府制定了一个不太低的指导性售电价格 p_0，那么，判断其能否实现电力产业链利益协调，只需要比较该售电价格下绿电发电商的发电投资决策 i_s^* 是否等于分别满足电网公司和产业链利润最大化的最优绿电投资量 i_r^* 和 i^*。根据一阶偏导条件式（4-9c）或式（4-9d），绿电发电商基于自身利润最大化的最优电力投资 i_s^* 满足关系式：

$$\left(\frac{1}{h}\right)_s = \frac{c_s - \mu\gamma w - \mu\gamma v_s}{1 - \Phi}$$

同理，电力产业链整体利润最大化时的最优电力投资决策 i^* 满足关系式：

$$\left(\frac{1}{h}\right) = \frac{c_s + \mu\gamma c_r - \mu\gamma v}{1}$$

满足电网公司利润最大化时的最优电力投资决策 i_r^* 应满足关系式：

$$\left(\frac{1}{h}\right)_r = \frac{(w + c_r - v_r)\mu\gamma}{\Phi}$$

因此，在缺乏需求价格弹性的单一绿电发电商和单一电网公司构成的电力市场中，政府制定指导性售电价格，绿电发电商和电网公司可以通过协商达成收益共享契约以实现电力产业链的利益协调。在双边契约中，双方最终决定最优的并网批发价格 w 和收益共享分成比例 Φ，并且满足协调条件 $(l/h) = (l/h)_r = (l/h)_s$。

同理，在需求价格富有弹性的单一绿电发电商和单一电网公司构成的电力市场中，分析过程与产业链协调条件相同。根据一阶偏导条件式（4-10）和式（4-11），首先，得到满足产业链整体最大化的最优售电公司价格 p 和绿电投资量 i；其次，绿电发电商和电网公司根据政府制定的售电价格，选择制定满足自身利润最大化的决策变量。同样地，绿电发电商和电网公司可以签订收益共享契约以实现利益协调，双方最终决定最优的并网批发价格 w 和收益共享分成比例 Φ，仍需满足协调条件 $(l/h) = (l/h)_r = (l/h)_s$。

三、收益共享契约参数分析

为了实现电力产业链利益协调，增加绿电并网消纳，绿电发电商和电网公司签订双边收益共享契约。绿电发电商以低于发电产出成本的批发电价 w（$w < c_s$）并入电网，电网公司则将绿电销售收益返还一部分给绿电发电商。其中，假设电网公司获得的收益共享比例为 Φ（$\Phi \in (0, 1)$），则绿电发电商获取绿电销售收益的比例为 $1 - \Phi$。作为独立第三方参与者，政府制定指导性销售电价，并分别对绿电发电商和电网公司进行绿电并网补贴。因垄断性电网公司具有隐藏成本信息的动机，收益共享契约将使绿电发电商和电网公司共同承担销售风险。因此，通过协商制定最优的并网批发电价和收益共享分成比例等合约参数，收益共享契

约机制最终可以实现电力产业链各方的利益协调及利润最大化。

引理4-1：若存在参数集合（w，Φ）满足关系式（l/h）=（l/h）$_r$ = （l/h）$_s$，则基于该合约参数的收益共享契约可以实现不同电力需求价格弹性下的绿电产业链利益协调。

证明：根据上文所述，在不同需求价格弹性下，基于收益共享合约实现电力产业链利益协调的协调条件，可知该引理4-1成立。

定理4-1：在实现电力产业链利益协调的收益共享契约参数集合中，并网批发电价w和收益共享分成比例Φ应满足以下关系式：

$$w = \frac{\Phi（c_s + \mu\gamma c_r - \mu\gamma v）}{\mu\gamma} - c_r + v_r \qquad (4-12)$$

在式（4-12）中，电网公司的收益共享分成比例Φ的取值范围为：

$$\frac{\mu\gamma（c_r - v_r）}{c_s + \mu\gamma c_r - \mu\gamma v} < \Phi < \frac{\mu\gamma（c_s + c_r - v_r）}{c_s + \mu\gamma c_r - \mu\gamma v} \qquad (4-13)$$

在该收益共享合约下：

$$\begin{cases} \pi_{s_0}(p,i) = (1-\Phi)(R(p,i) - (c_s + \mu\gamma c_r - \mu\gamma v)i) = (1-\Phi)\Pi_0(p,i) \\ \pi_{r_0}(p,i) = \Pi_0(p,i) - \pi_s(p,i) = \Phi\Pi_0(p,i) \end{cases}$$

$$(4-14)$$

满足式（4-12）的参数集合，能有效地协调可再生能源电力产业链。

证明：将式（4-12）的结果分别代入（l/h）、（l/h）$_r$ 和（l/h）$_s$ 中，可以得到：

$$\left(\frac{1}{h}\right) = \left(\frac{1}{h}\right)_r = \left(\frac{1}{h}\right)_s = c_s + \mu\gamma c_r - \mu\gamma v$$

根据引理4-1，表明满足式（4-12）的合约参数关系的收益共享合约可以协调电力产业链。

进一步地，式（4-12）可以变换为：

$$（c_s - \mu\gamma w - \mu\gamma v_s）=（1-\Phi）（c_s + \mu\gamma c_r - \mu\gamma v）$$

结合式（4-5）、式（4-6）和式（4-7），可得式（4-14）。因合

约价格满足关系 $0 \leqslant w \leqslant c_s$，因此，在不同需求价格弹性水平下，该收益共享合约中电网公司分成比例 Φ 的取值范围应满足式（4 – 13）。证毕。

基于以上分析可知，考虑可再生能源电力产出和市场电力需求双重不确定性条件下，收益共享契约机制可以实现不同需求价格弹性下的可再生能源电力产业链利益协调。在双边契约协商过程中，政府作为第三方，不仅制定指导性销售电价，还分别给予绿电发电商和接收绿电并网的电网公司电量补贴。并且，政府定价行为是平衡发电商和电网公司利益的三层规划（动态博弈）的结果。同时，虽然政府主导售电定价，但在签订双边合约时，发电商和电网公司还是期望各自利润最大化的决策者。存在政府规制行为后，绿电发电商和电网公司通过制定关于参数集合（w，Φ）的收益共享合约以协调彼此的决策行为，使（p_s^*，i_s^*）=（p_r^*，i_r^*）=（p^*，i^*），则最优定价 $p^* = p_s^* = p_r^*$。

与此同时，由式（4 – 13）所示的电网公司的收益共享分成比例取值范围，可以求得绿电发电商获得的收益共享分成比例（$1 - \Phi$）的取值范围：

$$\frac{(1 - \mu\gamma)\, c_s - \mu\gamma v_s}{c_s + \mu\gamma c_r - \mu\gamma v} < 1 - \Phi < \frac{c_s - \mu\gamma v_s}{c_s + \mu\gamma c_r - \mu\gamma v}$$

其中，收益共享分成比例（$1 - \Phi$）的大小，直接反映了绿电发电商和电网公司的讨价还价能力。但收益共享合约的顺利达成，也预示着交易双方都没有能力获取全部收益。由式（4 – 13）可知，电网分成比例 Φ 的值越小，绿电的期望产出越大，双方达成合作的选择范围越大。

收益共享合约的签订关键在于合约参数的制定，各参数的变化对其他参数均会产生影响。根据式（4 – 12）反映的主要合约参数集合（w，Φ）的关系式，可以得到收益分成比例 Φ 与其他变量 w、c_r、μ、α 的变化关系[①]，并得到以下四条性质。

[①] 收益共享合约参数性质判定：（a）$\Phi'(w) = \dfrac{\mu\gamma}{c_s + \mu\gamma c_r - \mu\gamma v} > 0$；（b）$\Phi'(c_r) = \dfrac{\mu\gamma\,(c_s - \mu\gamma w - \mu\gamma v_s)}{(c_s + \mu\lambda c_r - \mu\gamma v)^2} > 0$；（c）$\Phi'(\mu) = \dfrac{\gamma c_s\,(w + c_r - v_r)}{(c_s + \mu\gamma c_r - \mu\gamma v)^2} > 0$；（d）$\Phi'(\alpha) = \dfrac{\mu\gamma v}{c_s + \mu\gamma c_r - \mu\gamma v} > 0$。

性质 4-1：$\Phi'(w) > 0$，即 Φ 与 w 呈正相关关系。

性质 4-1 表明，可再生能源发电上网批发电价越高，电网公司获取的收益共享分成比例越大。较高的并网价格，意味着电网公司需要支付较多的购电成本。因此，在双边合约谈判时，电网公司有动机寻求更大比例的销售收益，以此规避或减少自身可能面临的利益损失。

性质 4-2：$\Phi'(c_r) > 0$，即 Φ 与 c_r 呈正相关关系。

由式（4-8）可知，$c_s - \mu\gamma w - \mu\gamma v_s > 0$。在此基础上，可以推导出 $\Phi'(c_r) > 0$。性质 4-2 表明，电网公司接收绿电并网的单位成本越高，其获得的收益共享分成比例越大。可再生能源发电产出具有间歇性，并网需要较高的调峰成本。电网公司接收绿电并网成本的增加，直接造成电网公司利润减少，其有动力通过提高分成比例以获取更多收益。此外，一般来讲，电力产业具有规模特性，下游电网公司往往是具有垄断市场的垄断企业，其组织管理和运营的低效率，导致高成本、低效益。随着电网公司运营成本的增加，其利用自身的垄断势力获取更多销售收益的诉求更强烈。

性质 4-3：$\Phi'(\mu) > 0$，即 Φ 与 μ 呈正相关关系。

由式（4-8）$(w + c_r - v_r)\mu\gamma > 0$，可求得 $\Phi'(\mu) > 0$ 且 $\mu \in (0, c_s/(w\gamma + v_s\gamma))$。性质 4-3 表明，随着绿电期望产出的增加，电网公司将获得更大的收益共享分成比例。绿电产出具有不稳定性，期望产出的增加意味着绿电发电量总体水平的提高。在本章绿电全额上网的假设前提下，期望产出的增加预示着电网公司接收绿电量的增多，这就增加了直接的购电成本及由调峰成本带来的并网成本。电力需求市场也具有不确定性，这就使电网公司面临利益受损的风险变大。因此，电网公司将通过提高收益共享分成比例的方式，弥补其可能面临的利益损失风险。

性质 4-4：$\Phi'(\alpha) > 0$，即 Φ 与 α 呈正相关关系。

由 $v_r = (1-\alpha)v$，可得 $\Phi'(\alpha) > 0$。为了刺激可再生能源电的利

用，政府会对发电商和电网公司进行相应的补贴，但政府补贴应该怎么补，各方的补贴比例如何确定，仍然是需要解决的重要问题。性质4-4表明，政府绿电补贴比例 α 的提高意味着绿电发电商获得政府补贴的增加，而电网公司获得的政府补贴减少，直接后果是发电商的收入增加而电网公司的收入减少。当政府对绿电补贴比例过高时，电网公司获得的补贴可能无法弥补其购买绿电所付出的成本，电网公司便有很大动机通过提高收益共享比例以弥补其利益损失。

综上分析可知，电力产业链收益共享合约设计主要受并网电价、电网公司接收绿电的并网成本、绿电产出期望水平以及政府绿电补贴比例等因素的影响。其中，虽然并网成本不是本章的研究重点，但是，可以发现其在非对称信息条件下作为内生变量将对合约达成产生重要影响。本章的研究结论不仅适用于基于收益共享合约实现产业链协调管理，更为和电力市场相似的具有不确定性的垄断产业链中的相关定价决策提供了新的方法和视角。

第三节　数值模拟分析

为了更好地说明并验证使电力产业链各方利益协调的多方合意收益共享合约，本节在已构建的理论模型基础之上进行数值仿真分析。为了使仿真分析结果更有意义，仿真过程应该符合电力市场的实际运行情况。由 $Q = y\gamma i$，$\gamma = 1$ 且 $y \sim U[0, 1]$，有 $\mu = E(y) = 1/2$。假设信息对称条件下，电网公司的边际并网成本是公开的，电力产业链收益共享合约相关参数为：$\Phi = 0.6$，$a = 100$，$c_s = 0.2$，$c_r = 0.1$，$v = 0.2$，$\alpha = 0.7$。为方便计算及数值统一，规定电力价格计量单位为角/千瓦时。电力销售价格 $p \in [5, 15]$，电力投资量 $i \in [1, 100]$。结合中国电力需求价格弹性长期小于1的事实，假设需求价格弹性 $\eta = 0.5$，根据式（4-9）最优的价格

$p^* = 15$ 时，$i^* = 105.409$。

一、利润分析

电力产业链整体期望利润 Π 与（p，i）的变化关系，见图 4 - 4。可再生能源发电商期望利润 π_s 与（p，i）的变化关系，见图 4 - 5。图 4 - 4 和图 4 - 5 表明，当电价需求弹性 $\eta \in$（0，1］时，在给定的各参数范围内，是存在使各方期望利润最大化的销售价格 p^* 和电力最优投资 i^* 的。

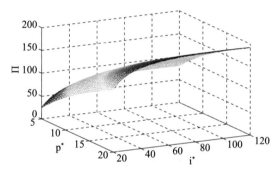

图 4 - 4　电力产业链整体期望利润 Π 与（p，i）的变化关系

资料来源：笔者根据相关数据运用 MATLAB 软件计算绘制而得。

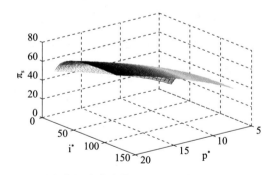

图 4 - 5　可再生能源发电商期望利润 π_s 与（p，i）的变化关系

资料来源：笔者根据相关数据运用 MATLAB 软件计算绘制而得。

根据命题 1，当 $\eta \in$（0，1］时，各方的最大化利润 π（p，i）与电力销售价格 p 是成正相关关系的。当 $\eta \in$（0，1］时，各方期望利润 Π、

π_r、π_s 和电力销售价格 p 的变化关系，见图 4 - 6。从图 4 - 6 中各方期望利润与销售电价的关系可以清晰地发现，随着价格 p 的提高，各方的期望利润都是增加的，发电商会根据不同的 p 值选择最优电力投资。因此，当政府拥有电力市场定价权的时候，为了促进可再生能源电力的发展，初始阶段的政府电力定价不能过低。

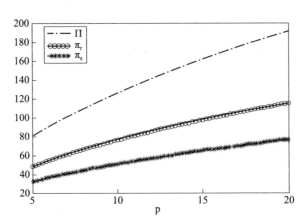

图 4 - 6 当 $\eta \in [0, 1]$ 时，各方期望利润 Π、π_r、π_s 和电力销售价格 p 的变化关系

资料来源：笔者根据相关数据运用 MATLAB 软件计算绘制而得。

在其他条件不变的情况下，需求价格弹性 η 的变化会对产业链整体和上下游各企业的期望利润及最优的 p^* 和 i^* 产生影响，当收益共享系数 $\Phi = 0.6$ 时，分别取值 $\eta = 0.5$，1.5，2.5 进行计算。不同需求价格弹性值下产业链最大期望利润（$\Phi = 0.6$），见表 4 - 3。

表 4 - 3 不同需求价格弹性值下产业链最大期望利润（$\Phi = 0.6$）

η	p^*	i^*	Π (p^*, i^*)	π_s (p^*, i^*)	π_r (p^*, i^*)
0.5	15	105.41	162.03	64.81	97.22
1.5	1.6	65.88	19.76	7.91	11.85
2.5	0.7	209.08	20.81	8.32	12.49

资料来源：笔者计算整理而得。

表 4 - 3 的结果表明，随着电力需求价格弹性增加，电力产业链整体及其上下游各参与方的期望利润都有较大幅度减少。同时，电力市场价格明显降低。此外，当需求价格弹性足够大时，还会刺激可再生能源电

力市场投资的增加。对于中国电力市场，电力是强自然垄断特性产品，电力需求价格是缺乏弹性的。但是，关于电力需求价格弹性大于 1 情形的分析讨论仍然具有理论价值，根据结果我们发现，在相似的市场结构中，验证了可以通过提高自然垄断特性产品的需求价格弹性以降低最终产品的市场销售价格，增加消费者剩余，提高社会福利水平。在电力需求价格缺乏弹性时（$\eta < 1$），表 4-3 的结果证明了对于包含主导型电网公司"一对一"的电力产业链，电网公司可以获得更多期望收益。

二、参数敏感性分析

在收益共享契约决策模式下，下游主导型电网公司通过向发电商分享一定比例的收入换取更低的购电批发价格，而发电商因具有一定的收益保证，也愿意向电网公司提供更低的批发价格以获得更多的电力订购量。因此，可以通过一定程度的风险共担形式实现产业链协调，其关键在于收益共享系数的确定。根据式（4-12），上网批发价格 w、电网边际成本 c_r、发电商的边际成本 c_s 及可再生能源电力的期望产出 μ，都会对收益共享分成比例 Φ 产生影响。μ、w、c_r 和收益共享比例 Φ 的变化关系，如图 4-7 所示。

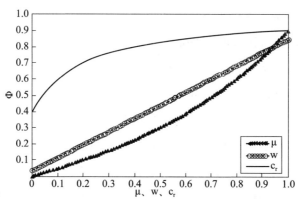

图 4-7 μ、w、c_r 和收益共享比例 Φ 的变化关系

资料来源：笔者根据相关数据运用 MATLAB 软件计算绘制而得。

图 4-7 得到了各参数与收益共享合约分配比例关系趋势的三条曲线，其结果证明了对性质 1-3 的讨论，当并网价格 w 提高时，电网公司接收绿电发电并网的成本增加，电网公司要求的收益共享分成比例必然会增加。当 w = 0 时，电网公司不需要为购电而支付成本，该情形相当于发电商是电网的自建电厂，电网公司只需要承担电力传输费用，因此，Φ 会变得很小。根据 Φ 与并网成本 c_r 的变化曲线，随着电网公司接收绿电边际成本 c_r 的快速增加，其收益共享分成比例越来越大。但该曲线变化趋势为先陡峭，后平缓，原因在于存在成本内生性的企业具备自然垄断及行政垄断的特征。而 Φ 与 μ 的变化曲线表明，随着绿电期望产出水平的提高，电网公司会提高自身的收益共享分成比例，并且，期望产出水平 μ 越大，电网公司索取更大收益共享比例的要求越强烈。

在可再生能源发电并网收益共享契约签订时，考虑到绿电产出的随机性及电力产品最终消费除价格外其他因素影响的随机性，产出扰动因子会影响收益共享分成比例的大小。根据式（4-13）确定的菜单合约分配比例 Φ 的取值范围，可以绘制出 Φ 随 μ 的变化界限，见图 4-8。在图 4-8 中，上下两条边界线之间的部分为 $\mu \in [0, 0.50]$ 时收益共享比例 Φ 可以取值的范围。可以发现，当 μ = 0.50 时，本章取 Φ = 0.60 是合理的。当 μ 变大时，Φ 的上下界区间也在增大。一方面，说明绿电发电商和电网公司的讨价还价能力增强了；另一方面，说明随着期望产出增加，上下游双方协作选择的空间也扩大了。

在可再生能源发电并网问题中，为了鼓励绿电的并网消纳，政府除了控制电力市场售电价格，还会出台相关激励措施，对绿电发电商和电网公司分别进行绿电电量补贴。因此，政府在收益共享多方合意模型中扮演着重要角色，政府的补贴在发电商和购电商之间的分配比例也会影响收益共享系数的形成。政府补贴比例 α 对 Φ 的影响，见图 4-9。

由图 4-9 可知，随着政府对发电商补贴比例 α 的增加，电网公司的收益共享比例是增加的，即绿电发电商从电网公司得到的收益共享比例是下降的。当绿电发电商获得全部政府补贴时，电网公司的收益共享比例超过80%；而当电网公司获得全部政府补贴时，电网公司则有动机向发电商提供绝大部分收益分成。不难理解，政府补贴将作为一笔直接收入出现在各方的利润构成中，对发电商补贴比例的增加，意味着电网公司收入的减少。因此，若要追求利润最大化的主导型电网公司继续接收可再生能源电，其必然会提高自身的收益共享比例。

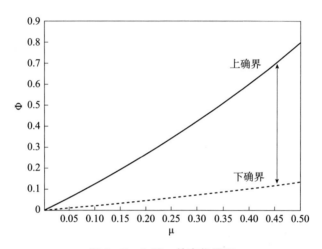

图4-8　Φ随μ的变化界限

资料来源：笔者根据相关数据运用 MATLAB 软件计算绘制而得。

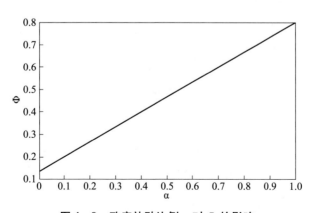

图4-9　政府补贴比例α对Φ的影响

资料来源：笔者根据相关数据运用 MATLAB 软件计算绘制而得。

因此，为了绿电的并网消纳，政府的补贴策略也应该具有针对性，让绿电发电商和电网公司同时实现利润增长。

可再生能源的间歇性为其电力产出带来了不确定性，也为并网调峰带来了问题。随着风电光伏技术的发展，如风机容量的增加等，可再生能源发电商通过提高发电产出效率可以在一定程度上减小间歇性带来的影响。我们使用单位发电成本的投入产出表示可再生能源的发电产出效率，它可以反映可再生能源的发电技术水平。发电产出效率 γ/c_s 对绿电发电商和电网公司利润的影响，见图 4-10。由图 4-10 可知，发电产出效率 γ/c_s 越高，电网公司获取的收益共享比例 Φ 越大，这导致绿电发电商的利润 π_s 逐渐减少，而电网公司利润 π_r 逐渐增加。当绿电发电产出效率 γ/c_s 增加至约 7.14 时，绿电发电商的利润几乎为零。因此，只有投入产出效率 $\gamma/c_s < 7.14$ 时，绿电发电商才会接受收益共享合约。

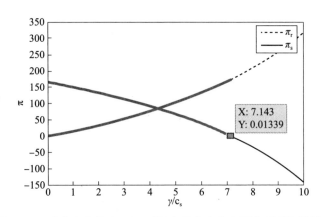

图 4-10　发电产出效率 γ/c_s 对绿电发电商和电网公司利润的影响

资料来源：笔者根据相关数据运用 MATLAB 软件计算绘制而得。

我们进一步分析发电产出效率对绿电发电商利润变化的影响。发电产出效率 γ/c_s 对绿电发电商利润的影响，见图 4-11。根据图 4-11 可知，当发电产出效率 $\gamma/c_s > 5.71$ 时，相较于收益共享合约，分散决策下绿电发电商获得的利润更大，此时，绿电发电商更愿意接受其他售电方式。由此表明，在电力市场需求价格缺乏弹性的条件下，随着技术水平提高，可再生能源的发电产出效率更高，其抵御发电产出风险的能力更强，与下游电网公司的议价能力会相应地提升，相较于电网公司主导的收益共享合约，绿电发电商有动力寻求满足自身利益最大化的其他售电方式。技术提高带来的影响，相当于绿电发电商通过努力可以改变市场对绿电的需求，绿电原本不稳定且价格高，技术成熟后价格降低，根据卡松和拉里维尔（Cachon and Lariviere，2005）对收益共享合约利用的适用条件的研究结论，此时，收益共享合约不再适用。

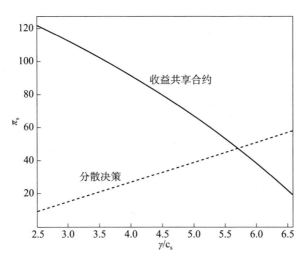

图 4-11 发电产出效率 γ/c_s 对绿电发电商利润的影响

资料来源：笔者根据相关数据运用 MATLAB 软件计算绘制而得。

第四节 本 章 小 结

本章从绿电发电商、电网公司和政府参与的电力产业链多方合意角度出发，考虑绿电市场供需不确定性，运用收益共享契约，构建了加入政府补贴的电力产业链利益协调模型。通过数值模拟，本章得到了能满足产业链协调条件的各参数的均衡解析解，并推导了最优契约参数之间的相互变化关系。研究表明，在电力需求价格缺乏弹性时，电网公司和绿色发电商谈判制定的收益共享合约可以促进可再生能源发电并网。与此同时，通过不同需求价格弹性条件下的对比分析，本章认为提高产品需求价格弹性可以刺激可再生能源电力投资，降低电力销售价格，这对于消费者福利水平提升而言是有实际意义的。

本章有三点主要结论：（1）电力需求价格弹性的提高，虽然导致电力产业链期望利润下降，但是，使政府制定的最优电力价格得以降低，增加了消费者剩余，提高了消费者效用；（2）当电力市场缺乏需求价格弹性时，政府对可再生能源发电产业链收益共享合约的签订发挥着重要作用，通过给予上下游双方绿电补贴和制定售电价格影响电力产业链的利益协调。为了激励主导型电网公司更多接受可再生能源发电并网消纳，电力市场的销售价格不应过低。除此之外，政府补贴在发电商和电网公司间的分配比例也会影响收益共享系数 Φ 的大小，因此，为了收益共享契约机制的达成，政府实施绿电补贴应该具有策略性，补贴的分配比例应该同时满足发电商和电网公司的利润增加需求；（3）当电力市场缺乏价格需求弹性时，随着绿电发电产出效率 γ/c_s 的提高，在收益共享合约下发电商的利润逐渐降低，当发电产出效率足够高时，相较于电网公司主导收益共享合约，绿电发电商有动力寻求满足自身利益最大化的其他售电方式。

为了促进绿电发电并网，本章提出：首先，应该从电力产业链上下游各方的利益协调出发，解决绿电发电并网问题，同时兼顾各方的利益最大化目标，否则，按照短板理论，将制约绿电的发电并网；其次，从短期来看，当前电力产业链上下游不同的市场环境被给予区别对待的定价机制，政府指导性定价政策或固定电价政策无法形成电力产业链价格联动机制。

因此，从长期来看，上下游市场都应放松管制，培育竞争性市场环境。上游供电市场由绿电发电商与电网公司独立进行交易协商，绿电发电商可以根据不同区域禀赋条件获得适度补贴；下游售电市场应逐步降低进入门槛，放开输配环节，引进适度竞争以消除垄断电网的边际成本内生性问题，使并网调峰成本透明化。边际并网成本影响收益共享合约利润分配系数，因此，竞争性的市场环境有利于收益共享合约的达成，并可以使政府对接入可再生能源并网的电力进行更有效的补贴。此外，根据不同需求价格弹性下电力产业链协调的讨论结果，如果政府可以促进电力市场的完善，改变电力市场需求价格弹性，则可以在电力产业链、发电商及电网期望利润非负情形下，提高消费者对包括可再生能源在内的电力产品的消费水平，其不失为提高社会福利水平的一条路径。

第五章 发电侧混合市场结构下
可再生能源发电并网决策

新一轮电力市场化改革后，电力市场供给侧和需求侧的竞争都会加剧，但在大部分地区，目前的售电任务仍主要由电网公司承担，在购销电过程中，电网公司仍处于主导地位。本章将以新一轮电力市场化改革后形成的混合电力市场中由售电商主导的电力产业链为背景，在批发价合约和收益共享合约两种决策模式下，探究可再生能源发电并网定价决策。本章内容安排为：首先，对电力产业链集中决策模式下的决策问题进行研究。主要探讨集中决策下电力系统购电情况，为分散决策和加入收益共享契约的契约决策建立标杆；其次，考虑没有契约协调情形下的系统分散决策，以期与契约协调决策进行比较；最后，分析发电商与售电商签订收益共享契约的定价决策，并与其他决策模式结果进行比较。

第一节 问题描述与模型设计

为了解决可再生能源发电并网消纳的实际问题，本章通过协调发电商和售电商之间的利益，通过制定收益共享合约，解决可再生能源并网的困境。

一、问题描述

混合电力市场中电力的供给，主要由常规能源（以火电为例）与可再生能源共同承担。发电商会有很多，为了分析简便，按照发电能源的不同，假设有两家发电商：火电发电商 1 和绿电发电商 2。在售电环节，只有一家售电商 R。在电力产业链中，售电商 R 占据主导地位。因绿电利用的特殊性，火电之于绿电，既是替代品，又是互补品。因此，为使假设更具一般性，假设售电商 R 分别以不同的价格 w_1 和 w_2 从两家发电商处购买电量 Q_1 和 Q_2 并销售至电力用户，并且假设每个商家都是风险中性的。购买绿电时，绿电发电商 2 和售电商 R 可以根据绿电交易电量获得政府补贴。发电侧混合电力市场产业链结构，见图 5－1。

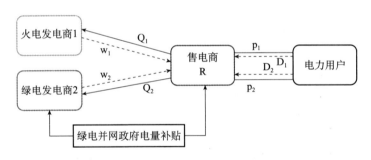

图 5－1 发电侧混合电力市场产业链结构

资料来源：笔者绘制。

在电力并网过程中，各发电商和售电商 R 在发电前先签订电力采购合同，各发电商将以较低的批发价格向售电商 R 提供电力。其中，批发价格先由各发电商上报售电商 R，然后，由双方谈判决定，而并网电量（即采购电量）则由售电商 R 根据自身利益和电力需求市场随机性决定。在售电商 R 给出电力采购电量后，各发电商将根据该采购量决定发电投入量，而且，绿电发电商 2 还要考虑绿电产出的随机性，自负实际电力产出盈亏。售电商 R 购入电力后，按照销售电价售电获取收益。绿电市场不确定的供给和需求处理方法，与第四章类似。各发电商和售电商 R

都不进行电力存储，即可以令电量残值收益均为零，且各发电商将独自承担产业链上供电量不足时的缺电损失。考虑到政府鼓励可再生能源利用，政府会分别对绿电发电商 2 和售电商 R 接受绿电发电量进行补贴。

二、相关变量

本章变量、参数符号及参数说明，见表 5 − 1。

表 5 − 1　本章变量、参数符号及参数说明

参数符号	参数说明
w_i	发电商 i（i = 1，2）出售单位电力给售电商 R 的并网电价
c_i	发电商 i（i = 1，2）发电的边际成本，为外生变量
l	发电商产出不满足采购电量时的单位缺电成本
y	绿电发电产出随机因子，E（y）= μ，概率密度函数和分布函数分别为 g（·），G（·）
I	绿电电力投资，投入产出系数为 γ，则产出 q = γyI，本章假设 γ = 1
Π_i	发电商 i（i = 1，2）的期望利润
Q_i	售电商 R 在发电商 i（i = 1，2）处采购并网电量
p_i	售电商在电力市场销售电力产品 i（i = 1，2）的单位价格
D_i	电力市场对电力产品 i（i = 1，2）的需求
c_r	售电商 R 接收单位电力所产生的边际传输成本
ϕ_i	售电商 R 给发电商 i（i = 1，2）制定的收益分享系数，$\phi_i \in$（0，1）
Π_r	售电商 R 的期望利润
Π_{sc}	电力产业链整体期望利润
v	政府对电力产业链上下游企业（绿电发电商 2 和售电商 R）绿电利用的单位电量补贴
α	绿电发电商 2 占政府补贴的分配比例，则售电商 R 获得绿电利用补贴（1 − α）v

资料来源：笔者整理。

三、期望利润函数

政府的可再生能源发电强制并网政策要求绿电优先上网，而绿电并网需要常规能源电力调峰，本章假设售电商 R 同时购买两种电力产品对电力系统是最优的，且在电力订购环节，绿电发电商 2 和火电发电商 1 会

产生竞争。借鉴崔（Choi，1991）的研究成果，假设每个发电商向售电商提供的批发电价是自身期望采购电量和竞争对手采购电量的线性函数。因此，发电商 i 向售电商 R 提供的批发电价及其电力产品的市场需求分别为：

发电商 i 向售电商 R 提供的批发电价：

$$w_i = w_{0i} - \theta Q_i + \delta Q_j \quad (i = 1, \ 2; \ j = 3 - i) \tag{5-1}$$

发电商 i 对电力产品的市场需求：

$$D_i \ (p_i, \ \varepsilon) \ = d_i \ (p_i) \ \varepsilon \quad (i = 1, \ 2; \ j = 3 - i) \tag{5-2}$$

在式（5-1）、式（5-2）中，w_{0i} 表示发电商 i 的潜在最大并网价格，参数 θ 表示价格对自身采购产量的敏感度，δ 表示对竞争对手的差异性参数，可以反映并网的竞争强度。根据赵等（Zhao et al.，2012）的研究，相较于竞争对手，发电商 i 的产品相关参数变化对自身产品变动带来的影响都更敏感。因此，$\theta > \delta > 0$。

根据上述条件，在无任何协调机制的前提下，考虑绿电产出和市场需求的随机扰动，且不考虑风险共担和残值收益的情况下，火电发电商 1、绿电发电商 2 和售电商 R 的期望利润分别为：

火电发电商 1 的期望利润：

$$\Pi_1 = w_1 Q_1 - c_1 Q_1 - lE \ \left[\ (D_1 - Q_1)^+ \right] \tag{5-3}$$

在式（5-3）中，第一项表示火电发电商 1 的售电收入，第二项表示其发电成本，第三项表示火电发电商 1 供电量不足时独自承担的缺电损失。

绿电发电商 2 的期望利润：

$$\Pi_2 = w_2 Q_2 - c_2 E \ (q_2) \ - lE \ \left[\ (D_2 - yI)^+ \right] \ + \alpha vE \ (q_2) \tag{5-4}$$

在式（5-4）中，第一项表示绿电发电商 2 获取的售电收入，第二项表示绿电发电商 2 的发电成本，第三项表示绿电发电商 2 的供电量不足时独自承担的缺电损失，第四项表示绿电发电商 2 按照发电量获取的政府并网补贴。

售电商 R 的期望利润：

$$\Pi_r = p_1 E(\min(Q_1, D_1)) + p_2 E(\min(Q_2, D_2)) - w_1 Q_1 - w_2 Q_2$$
$$+ (1-a) v E(\min(Q_2, D_2)) - c_r (E((\min(Q_1, D_1)))$$
$$+ E(\min(Q_2, D_2)))) \tag{5-5}$$

在式（5-5）中，第一项、第二项表示售电商 R 销售电力的期望收入，第三项和第四项分别表示售电商 R 向火电发电商 1 和绿电发电商 2 支付的采购成本，第五项表示售电商 R 购买绿电得到的政府补贴，第六项表示其购买电力支付的传输成本。

在上述模型中，绿电的电力产出是随机的，因为产出连续随机因子 y 的期望均值为 μ，所以，绿电发电商 2 的平均产出为 $E(q_2) = E(\gamma yI) = \mu I$。

四、集中决策模型

在集中决策模式下，可以将电力产业链上下游企业看作一个整体，试图将电力产业链的整体利益最大化作为决策目标。集中决策利润函数为：

$$\Pi_{sc} = \Pi_1 + \Pi_2 + \Pi_r$$
$$= (p_1 - c_r) E(\min(Q_1, D_1)) - c_1 Q_1$$
$$+ (p_2 - c_r + (1-\alpha) v) E(\min(Q_2, D_2))$$
$$- c_2 E(q_2) + avE(q_2) - l(E(D_1 - Q_1)^+ + E(Q_2 - yI)^+) \tag{5-6}$$

在式（5-6）中，第一项、第二项共同组成了销售火电电力产品时系统得到的利润，第三项、第四项、第五项共同组成了销售绿电电力产品时系统得到的利润，最后一项是电力产业链系统的缺电损失。

命题 5-1： 电力产业链整体利润 Π_{sc} 是采购电量 Q_i（$i=1, 2$）的凹函数，存在最优的采购电量 Q_i 使得 Π_{sc} 最大化。其中，最优采购电量为：

$$Q_1^c = \frac{p_1 - c_1 - c_r + l}{p_1 - c_r + l} d_1, \quad Q_2^c = \frac{(p_2 - c_r + (1-a) v) ID_2}{(p_2 - c_r + (1-a) v) I + ld_2}$$

由此可以得到集中决策时电力产业链总的最优购电量 $Q^c = Q_1^c + Q_2^c$。将最优购电量分别代入电力产业链利润函数式（5-6），可求得电力产业链利润 Π_{sc}。

第二节　分散决策下售电商和发电商博弈决策

在分散决策模式下，售电商 R 和发电商 i 存在非合作的博弈关系，即单一售电商主导的斯塔克尔伯格（Stackelberg）博弈。发电商 i 先向售电商 R 上报较低的批发价格 w_i，并且，该批发电价与售电商 R 的购电量 Q_i 之间具有如式（5-1）的关系。然后，售电商 R 会公布并网电量 Q_i，发电商 i 则会根据采购量调整发电投资和并网电价，最终双方通过谈判达成一致。

在分散决策下，售电商 R 的期望利润函数转化为：

$$\Pi_r = (p_1 - c_r - w_{01})\, Q_1 + \left(\theta - \frac{p_1 - c_r}{2d_1}\right)Q_1^2$$
$$+ (p_2 - c_r + (1-\alpha)\, v - w_{02})\, Q_2$$
$$+ \left(\theta - \frac{p_2 - c_r + (1-\alpha)\, v}{2d_2}\right)Q_2^2 - 2\delta Q_1 Q_2 \qquad (5-7)$$

本节提出以下命题。

命题 5-2： 分散决策下主导型售电商 R 的利润 Π_r 是采购并网电量 Q_1 的凹函数。

证明： 由分散决策下售电商 R 的利润函数可得：

$$\frac{\partial \Pi_r}{\partial Q_1} = (p_1 - c_r - w_{01}) + 2\left(\theta - \frac{p_1 - c_r}{2d_1}\right)Q_1 - 2\delta Q_2$$

进一步求解二阶偏导数，有 $\frac{(\partial \Pi_r)^2}{\partial Q_1^2} = 2\left(\theta - \frac{p_1 - c_r}{2d_1}\right)$。若 Π_r 表示采购并网电量 Q_1 的凹函数成立，必有二阶偏导条件小于零，即 $\theta < \frac{p_1 - c_r}{2d_1}$。令

一阶偏导条件 $\dfrac{\partial \Pi_r}{\partial Q_1}=0$，可以求得售电商 R 从火电发电商 1 处的最优购电

量为 $Q_1^d = \dfrac{(p_1-c_r-w_{01}-2\delta Q_2)d_1}{p_1-c_r-2\theta d_1}$。证毕。

性质 5 - 1：存在最优火电购电量 Q_1^d，使分散决策下售电商 R 期望利

润 Π_r 最大化，需要满足条件 $\theta \in \left(0, \dfrac{p_1-c_r}{2d_1}\right)$。

在分散决策模式下，从火电发电商 1 处得到的最优火电购电量 Q_1^d 为：

$$Q_1^d = \frac{(p_1-c_r-w_{01}-2\delta Q_2)\ d_1}{p_1-c_r-2\theta d_1} \qquad (5-8)$$

同理，可得命题 5 - 3 及性质 5 - 2。

命题 5 - 3：分散决策下主导型售电商 R 的利润 Π_r 是关于采购并网电

量 Q_2 的凹函数。

证明过程类似命题 5 - 2。

性质 5 - 2：存在最优的绿电购电量 Q_2^d，使分散决策下售电商 R 的期

望利润 Π_r 最大化，需要满足条件 $\theta \in \left(0, \dfrac{p_2-c_r+(1-\alpha)\ v}{2d_2}\right)$。

同样可得分散决策模式下，从绿电发电商 2 处得到的最优绿电购电

量 Q_2^d 为：

$$Q_2^d = \frac{(p_2-c_r+(1-\alpha)\ v-w_{02}-2\delta Q_1)d_2}{p_2-c_r+(1-\alpha)\ v-2\theta d_2} \qquad (5-9)$$

联立式（5-8）和式（5-9），可得：

$$Q_1^d = \frac{d_1\ (p_1-c_r-w_{01})\ (p_2-c_r+(1-\alpha)\ v-2\theta d_2)\ -2\delta d_1 d_2\ (p_2-c_r+(1-\alpha)\ v-w_{02})}{(p_1-c_r-2\theta d_1)\ (p_2-c_r+(1-\alpha)\ v-2\theta d_2)\ -4\delta^2 d_1 d_2}$$

$$\qquad (5-10)$$

$$Q_2^d = \frac{d_2\ (p_1-c_r-2\theta d_1)\ (p_2-c_r+(1-\alpha)\ v-w_{02})\ -2\delta d_1 d_2\ (p_1-c_r-w_{01})}{(p_1-c_r-2\theta d_1)\ (p_2-c_r+(1-\alpha)\ v-2\theta d_2)\ -4\delta^2 d_1 d_2}$$

$$\qquad (5-11)$$

在售电商 R 分别对两家发电商给出相应的采购电量后，各发电商将

根据收益最大化原则，调整发电投资和电力批发价格。将 Q_i^d 分别代入式（5-3）、式（5-4），可以得到分散决策模式下相应发电商 i 的期望利润函数 Π_i^d：

$$\Pi_1^d = (w_{01} - c_1 + 1)Q_1^d - \left(\theta + \frac{1}{2d_1}\right)(Q_1^d)^2 + \delta Q_1^d Q_2^d - \frac{1}{2}ld_1 \tag{5-12}$$

$$\Pi_2^d = w_{02}Q_2^d - \left(\theta + \frac{1}{2I}\right)(Q_2^d)^2 + \delta Q_1^d Q_2^d + (\alpha v - c_2)\frac{I}{2} \tag{5-13}$$

命题 5-4：分散决策下发电商 i 的期望利润函数 Π_i^d 是最优的潜在最大购电批发价格 w_{0i}^d 的凹函数。

证明：由分散决策下发电商 i 的利润函数 Π_i^d 可得，

$$\frac{(\partial \Pi_1^d)^2}{\partial (w_{01})^2} = 2\frac{\partial Q_1^d}{\partial w_{01}} - 2\left(\theta + \frac{1}{2d_1}\right)\left(\frac{\partial Q_1^d}{\partial w_{01}}\right)^2 + 2\delta\frac{\partial Q_1^d}{\partial w_{01}}\frac{\partial Q_2^d}{\partial w_{01}}$$

若 Π_i^d 表示最优潜在批发价格 w_{01} 的凹函数成立，必有二阶偏导条件小于零。

由一阶偏导条件：

$$\frac{\partial Q_1^d}{\partial w_{01}} = \frac{-d_1(p_2 - c_r + v_r - 2\theta d_2)}{(p_1 - c_r - 2\theta d_1)(p_2 - c_r + v_r - 2\theta d_2) - 4\delta^2 d_1 d_2}$$

$$\frac{\partial Q_2^d}{\partial w_{01}} = \frac{2\delta d_1 d_2}{(p_1 - c_r - 2\theta d_1)(p_2 - c_r + v_r - 2\theta d_2) - 4\delta^2 d_1 d_2}$$

结合已证性质 5-2 条件可知，若满足条件 $\frac{(\partial \Pi_1^d)^2}{\partial (w_{01})^2} < 0$，必有（$p_1 - c_r - 2\theta d_1$）（$p_2 - c_r + v_r - 2\theta d_2$）$-4\delta^2 d_1 d_2 > 0$ 成立。

同理，结合已证性质 5-1，可证得绿电发电商 2 的最优潜在批发价格 w_{02} 必须满足上述条件。证毕。

性质 5-3：分散条件下若存在最优的最大潜在批发价格 w_{0i}^d，使发电商 i 的期望利润最大，必须满足条件 δ

$$\in \left(0, \sqrt{\frac{(p_1 - c_r - 2\theta d_1)(p_2 - c_r + (1-\alpha)v - 2\theta d_2)}{4d_1 d_2}}\right)。$$

计算可得，在分散决策模式下，发电商 i 在利润最大化时的最优购电批发价格 w_{0i}^d 分别为：

$$w_{01}^d = \left(2\theta + \frac{1}{d_1} + \frac{(p_1 - c_r - 2\theta d_1)(p_2 - c_r + (1-\alpha)v - 2\theta d_2) - 2\delta^2 d_1 d_2}{d_1(p_2 - c_r + (1-\alpha)v - 2\theta d_2)}\right)Q_1^d - \delta Q_2^d$$
$$+ (c_1 - 1) \qquad\qquad (5-14)$$

$$w_{02}^d = \left(2\theta + \frac{1}{I} + \frac{(p_1 - c_r - 2\theta d_1)(p_2 - c_r + (1-\alpha)v - 2\theta d_2) - 2\delta^2 d_1 d_2}{d_2(p_1 - c_r - 2\theta d_1)}\right)Q_2^d - \delta Q_1^d$$

$$(5-15)$$

联立式（5-10）、式（5-11）、式（5-14）和式（5-15），可以求得分散决策模式下最优购电量 Q_i^d 和最优潜在最大批发价格 w_{0i}^d。此时，分散决策模式下电力产业链的最优购电量为 $Q^d = \sum\limits_{i=1}^{2} Q_i^d$。

将上述结果代入式（5-1），可得两家发电商在分散决策时的最优并网电价 w_i^d。最后，将上述结果分别代入式（5-7）、式（5-12）和式（5-13），可得分散决策模式下售电商 R 的最优利润 Π_r^d 和发电商 i 的最优利润 Π_i^d。

由上述结果易知，$\dfrac{\partial Q_i^d}{\partial w_{0i}} < 0$，且 $\dfrac{\partial Q_j^d}{\partial w_{0i}} > 0$，（$i = 1, 2; j = 3-i$），说明两家发电商因产品的可替代性而使批发价格定价具有竞争性，验证了本章的假设条件。

结论 5-1：满足条件的决策组合（Q^d, w_1^d, w_2^d），即为在分散决策下售电商 R 和两家发电商之间的非合作斯塔克尔伯格博弈的均衡解。

基于上文分析可知，在分散决策模式下，发电商 i、售电商 R 和电力产业链的期望利润分别为 Π_i^d、Π_r^d 和 Π_{sc}^d。通过对比集中决策和分散决策两种不同决策模式下的均衡结果，易知，$Q^c \neq Q^d$ 且 $\Pi_{sc}^c \neq \Pi_{sc}^d$，这说明在绿电和火电共同组成的多对一型售电商主导的产业链上，考虑绿电市场供需不确定的分散决策模式未能达到整体利润最大化，存在"双重边际化"效应。因此，对电力产业链上各成员来讲，需要引入合理的契约机制以协调产业链收益问题。下文将采用收益共享契约机制的方式设计协调机制。

第三节　收益共享契约定价决策

在收益共享契约机制中，虽然主导型售电商 R 和发电商 i 之间仍然会进行斯塔克尔伯格博弈，但售电商 R 为了得到更低的批发价格，发电商 i 为了得到更多购电量，双方会达成某种利益的相关性，即售电商 R 会从销售收入中拿出一定比例分享给发电商 i 以换取更低的电力批发价格，而发电商 i 为了利益的保障也乐于接受这种契约。收益共享机制将使发电商 i 和售电商 R 同时获益，并共同承担一定程度的产销风险。这样，在售电商 R 主导的收益共享合约中，售电商 R 实际决策给各发电商制定的收益共享比例为 ϕ_i（$0 < \phi_i < 1$），购电量为 Q_i，发电商 i 决策批发价格 w_i，政府会按照绿电发电量和绿电购电量给予绿电发电商 2 和售电商 R 相应的补贴。售电商 R 和发电商 i 会通过制定包含决策束（ϕ_i，Q_i，w_i）的合约协调彼此的决策行为。

火电发电商 1 的期望利润：

$$\Pi_1^S = \phi_1 p_1 E\left(\min\left(Q_1,\ D_1\right)\right) + w_1 Q_1 - c_1 Q_1 - lE\left(D_1 - Q_1\right)^+ \quad (5-16)$$

绿电发电商 2 的期望利润：

$$\Pi_2^S = \phi_2 p_2 E\left(\min\left(Q_2,\ D_2\right)\right) + w_2 Q_2 - c_2 E\left(q_2\right)$$
$$- lE\left(D_2 - yI\right)^+ + \alpha v E\left(q_2\right) \quad (5-17)$$

售电商 R 的期望利润：

$$\Pi_r^S = \left(1 - \phi_1\right) p_1 E\left(\min\left(Q_1,\ D_1\right)\right) + \left(1 - \phi_2\right) p_2 E\left(\min\left(Q_2,\ D_2\right)\right)$$
$$- w_1 Q_1 - w_2 Q_2 + \left(1 - \alpha\right) v E\left(\min\left(Q_2,\ D_2\right)\right) - c_r\left(E\left(\min\right.\right.$$
$$\left.\left(Q_1,\ D_1\right)\right) + E\left(\min\left(Q_2,\ D_2\right)\right)\right) \quad (5-18)$$

通过逆序求解可得：

命题 5 - 5：收益共享契约机制下，主导型售电商 R 的利润 Π_r^S 是采购电量 Q_1 的凹函数。

性质 5 - 4：若存在最优火电购电量 Q_1^S，使收益共享决策下售电商 R 的期望利润 Π_r^S 最大化，需满足条件 $\phi_1 \in \left(0, \ 1 - \dfrac{2\theta d_1 + c_r}{p_1}\right)$。

计算可得，在收益共享机制下，售电商 R 在火电发电商 1 处的最优购电量 Q_1^S 为：

$$Q_1^S = \frac{d_1\left(w_{01} + 2\delta Q_2 + c_r - (1 - \phi_1)\ p_1\right)}{2\theta d_1 + c_r - (1 - \phi_1)\ p_1} \tag{5-19}$$

同理，可得命题 5 - 6 及性质 5 - 5：

命题 5 - 6：收益共享机制下主导型售电商 R 的利润 Π_r^S 是绿电采购电量 Q_2 的凹函数。

性质 5 - 5：存在最优的绿电购电量 Q_2^S，使收益共享决策下售电商 R 的期望利润 Π_r^S 最大化，需要满足条件 $\phi_2 \in \left(0, \ 1 - \dfrac{2\theta d_2 + c_r - (1 - \alpha)\ v}{p_2}\right)$。

计算可得，收益共享机制下售电商 R 在绿电发电商 2 处的最优购电量 Q_2^S 为：

$$Q_2^S = \frac{d_2(w_{02} + 2\delta Q_1 + c_r - (1 - \alpha)\ v - (1 - \phi_2)\ p_2)}{2\theta d_2 + c_r - (1 - \alpha)\ v - (1 - \phi_2)\ p_2} \tag{5-20}$$

联立式（5 - 19）和式（5 - 20），可得：

$$Q_1^S = \frac{d_1\left((1-\phi_1)\ p_1 - c_r - w_{01}\right)\left((1-\phi_2)\ p_2 - c_r + v_r - 2\theta d_2\right) - 2\delta d_1 d_2\left((1-\phi_2)\ p_2 - c_r + v_r - w_{02}\right)}{\left((1-\phi_1)\ p_1 - c_r - 2\theta d_1\right)\left((1-\phi_2)\ p_2 - c_r + v_r - 2\theta d_2\right) - 4\delta^2 d_1 d_2}$$

$$\tag{5-21}$$

$$Q_2^S = \frac{d_2\left((1-\phi_2)\ p_2 - c_r + v_r - w_{02}\right)\left((1-\phi_1)\ p_1 - c_r - 2\theta d_1\right) - 2\delta d_1 d_2\left((1-\phi_1)\ p_1 - c_r - w_{01}\right)}{\left((1-\phi_1)\ p_1 - c_r - 2\theta \cdot d_1\right)\left((1-\phi_2)\ p_2 - c_r + v_r - 2\theta d_2\right) - 4\delta^2 d_1 d_2}$$

$$\tag{5-22}$$

将 Q_i^S 分别代入式（5 - 16）、式（5 - 17），可得收益共享决策模式下火电发电商 1 和绿电发电商 2 的期望利润函数 Π_i^S：

$$\Pi_1^S = (\phi_1 p_1 + w_{01} - c_1 + 1) Q_1^S - \left(\theta + \frac{\phi_1 p_1 + 1}{2d_1}\right)(Q_1^S)^2 + \delta Q_1^S Q_2^S - \frac{1}{2} ld_1$$

$$(5-23)$$

$$\Pi_2^S = (\phi_2 p_2 + w_{02}) Q_2^S - \left(\theta + \frac{\phi_2 p_2}{2d_2} + \frac{1}{2I}\right)(Q_2^S)^2 + \delta Q_1^S Q_2^S + (\alpha v - c_2)\frac{I}{2}$$

$$(5-24)$$

命题 5-7：收益共享机制决策下发电商 i 的期望利润 Π_i^S 是最大购电批发价格 w_{0i}^S 的凹函数。

证明过程类似命题 5-4。

性质 5-6：收益共享决策下若存在最大潜在批发价格 w_{0i}^S，使发电商 i 的期望利润最大，必须满足条件 $\delta \in \left(0, \right.$

$$\left. \sqrt{\frac{((1-\phi_1) p_1 - c_r - 2\theta d_1)((1-\phi_2) p_2 - c_r + (1-\alpha) v - 2\theta d_2)}{4d_1 d_2}} \right)。$$

计算可得，发电商 i 在利润最大化时的最优购电批发价格 w_{0i}^S 分别为：

$$w_{01}^S = \left(2\theta + \frac{\phi_1 p_1 + 1}{d_1} + \frac{((1-\phi_1) p_1 - c_r - 2\theta d_1)((1-\phi_2) p_2 - c_r + (1-\alpha) v - 2\theta d_2) - 2\delta^2 d_1 d_2}{d_1 ((1-\phi_2) p_2 - c_r + (1-\alpha) v - 2\theta d_2)}\right)$$

$$Q_1^S - \delta Q_2^S - (\phi_1 p_1 - c_1 + 1) \qquad (5-25)$$

$$w_{02}^S = \left(2\theta + \frac{\phi_2 p_2}{d_2} + \frac{1}{I} + \frac{((1-\phi_1) p_1 - c_r - 2\theta d_1)((1-\phi_2) p_2 - c_r + (1-\alpha) v - 2\theta d_2) - 2\delta^2 d_1 d_2}{d_2 ((1-\phi_1) p_1 - c_r - 2\theta d_1)}\right)$$

$$Q_2^S - \delta Q_1^S - \phi_2 p_2 \qquad (5-26)$$

联立式（5-21）、式（5-22）、式（5-25）和式（5-26），可得最优的购电量 Q_i^S 和最优的潜在最大批发价格 w_{0i}^S，且电力产业链的最优购电量为 $Q^S = \sum\limits_{i=1}^{2} Q_i^S$。

将上述结果代入式（5-1），可得两家发电商在收益共享决策时的最优并网电价 w_i^S。最后，将上述各结果分别代入式（5-16）、式（5-17）和式（5-18），可以得到售电商 R 的最优利润 Π_r^S 和发电商 i 的最优利润 Π_i^S。

结论 5 - 2： 满足条件的决策组合 $(Q^S，w_1^S，w_2^S)$ 即为在收益共享契约决策下电力产业链协调时的均衡解。

为保证收益共享合约可以被电力产业链各方接受，要求在引入收益共享契约后，电力产业链上下游各方分别实现帕累托改进，即必须满足如下条件：

$$\begin{cases} \Pi_i^s \geq \Pi_i^d \\ \Pi_r^s \geq \Pi_r^d，(i=1，2) \\ \Pi_{sc}^s \geq \Pi_{sc}^d \end{cases} \qquad (5-27)$$

再结合性质 5 - 4、性质 5 - 5 和性质 5 - 6 得到的结果：

$$\phi_1 \in \left(0，1-\frac{2\theta d_1+c_r}{p_1}\right)、\phi_2 \in \left(0，1-\frac{2\theta d_2+c_r-(1-\alpha)v}{p_2}\right) 和$$

$$\delta \in \left(0，\sqrt{\frac{((1-\phi_1)p_1-c_r-2\theta d_1)((1-\phi_2)p_2-c_r+(1-\alpha)v-2\theta d_2)}{4d_1 d_2}}\right)，可$$

以得到收益共享系数 ϕ_i（$i=1，2$）的取值范围。

在满足该取值范围的条件下，最终的共享系数取值将由发电商 i 和售电商 R 基于谈判能力进行协商确定。而且，在满足上述各条件的前提下，可以得到收益共享系数 ϕ_i、火电发电商 1 和绿电发电商 2 的竞争程度 δ 等参数的变化关系，以及各参数变化对购电量、购电批发价格、产业链各方利润变化的影响。基于这些变化的影响，可以为可再生能源发电并网定价提出合理的对策建议，并提供较正确的理论依据。

第四节　仿真模拟分析

考虑到在电力市场中政府仍然扮演重要角色，不仅提供绿电补贴，而且制定指导性电价。本章设定模型中的售电价格 p_i（$i=1，2$）是一个由政府制定的相同的固定值，即火电和绿电只在供给侧具有竞争性。根据电力市场公布的信息，假设电力产业链收益共享契约模型相关参数为：$p_1 = p_2 = 1$，$d_1 = 5 \times 10^{10}$，$d_2 = 4 \times 10^{10}$，$c_1 = 0.2$，$c_2 = 0.15$，$c_r = 0.1$，$v = 0.2$，$\alpha = 0.75$，$l = 1$，$I = 6 \times 10^{11}$。产出随机因子 $y \in U[0, 1]$，因此，均值 $\mu = 0.5$。

一、利润分析

在集中决策时，混合电力产业链期望利润对购入绿电电量和火电电量是联合拟凹的，这说明电力产业链利润达到最大时，对两个发电商的购电量确实均存在唯一最优解。集中决策时电力产业链期望利润与购电量的变化关系，见图 5 - 2。根据命题 5 - 1 的结论，在集中决策时，产业链的最优利润为 3.08×10^{10}，此时，最优绿电购电量约为 3.74×10^{10}，火电购电量约为 4.47×10^{10}。

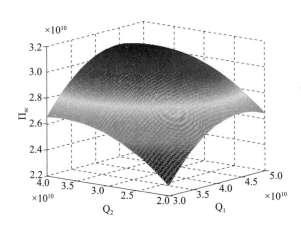

图 5 - 2　集中决策时电力产业链期望利润与购电量的变化关系

资料来源：笔者根据相关数据运用 MATLAB 软件计算绘制而得。

分散决策时售电商的期望利润与购电量的变化关系，见图 5 - 3。分散决策时产业链利润与批发电价的变化关系，见图 5 - 4。根据图 5 - 3 的变化趋势，在分散决策时售电商的期望利润随着对两家发电商不同购电量的变化呈现联合拟凹的图像，说明存在一组最优的绿电购电量和火电购电量，使售电商的利润最大。因分散竞争，发电商的批发价格也会随电力产品订购量的变化而发生变化，并对各方利润产生影响。由图5－4可知，在分散决策下电力产业链的期望利润对购电批发价格是联合拟凹的，即说明对于火电和绿电的订购存在一组最优批发价格，使产业链利润最大。

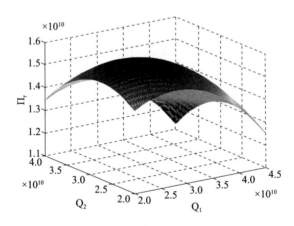

图5－3　分散决策时售电商期望利润与购电量的变化关系

资料来源：笔者根据相关数据运用 MATLAB 软件计算绘制而得。

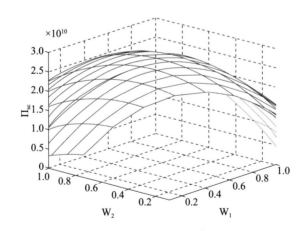

图5－4　分散决策时产业链利润与批发电价的变化关系

资料来源：笔者根据相关数据运用 MATLAB 软件计算绘制而得。

收益共享决策时售电商利润与购电量的变化关系，见图 5 – 5。由图 5 – 5 可知，在收益共享契约机制下，售电商的期望利润仍然是购电量组合的联合拟凹函数，说明存在最优购电量组合解。购电量发生变化，发电商也会调整决策，这将影响电力批发价格的高低。收益共享决策时产业链利润与批发电价的变化关系，见图 5 – 6。由图 5 – 6 可知，使得产业链利润最大化的绿电的电力批发价格和火电的电力批发价格的最优组合解是存在的。

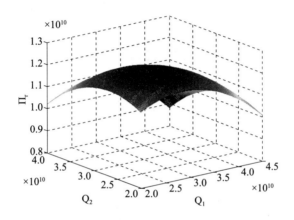

图 5 – 5　收益共享决策时售电商利润与购电量的变化关系

资料来源：笔者根据相关资料运用 MATLAB 软件计算绘制而得。

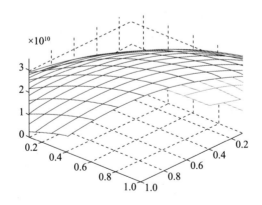

图 5 – 6　收益共享决策时产业链利润与批发电价的变化关系

资料来源：笔者根据相关资料运用 MATLAB 软件计算绘制而得。

上述分析分别证明了在各种决策模式下，产业链上下游各方的期望利润对各自决策变量都是凹性的，即证明了在混合电力市场中产业链协调的最优解存在。为更好地证明收益共享合约可以对产业链利益协调起作用，并且更直观地考察产业链利润变化并分析各参数变化的影响，下文将运用各参数的均衡数值进行比较分析。

根据上述模型条件，可以求得各发电商批发价格对购电量敏感度 θ 的取值范围：$\theta \in (0, 9 \times 10^{-12})$。不失一般性，选取 $\theta = 5 \times 10^{-12}$ 对各种决策模式进行对比研究。当 $\theta = 5 \times 10^{-12}$ 时，可进一步求得绿电发电商和火电发电商的竞争强度 δ 的取值范围：$\delta \in (0, 5.24 \times 10^{-12})$。根据以上结果取参数的公共区间数值，本章将随机选取 $\delta = 2.5$、2.0、1.5、1.0 进行研究。

在收益共享契约决策模式中，关键在于收益共享系数的制定。假定不考虑绿电和火电之间的相互影响，当 $\theta = 5 \times 10^{-12}$ 时，可求得火电发电商获得的收益共享比例 ϕ_1 的取值范围：$\phi_1 \in (0, 0.4)$，绿电发电商获得的收益共享比例 ϕ_2 的取值范围：$\phi_2 \in (0, 0.55)$。但在电力市场中，一方面，火电作为绿电的替代品参与电力并网竞争；另一方面，绿电并网的调峰必须有火电的参与，因此，对于绿电而言，火电可看作其并网的特殊"互补品"。在电力市场中，为了绿电消纳，售电商与绿电发电商签订收益共享合同，绿电发电商降低批发价格以换取更多购电量。但因竞争关系的存在，绿电价格的下降必将带动火电批发价格下降。因此，在混合电力市场中，为了达到上下游电力企业的利益协调，利润增加的售电商有动力与火电发电商签订收益共享契约。因为收益共享的目的是增加绿电的消纳，所以，售电商签订的收益共享决策会先倾向于与绿电发电商达成协议，然后，在不损失火电利益的前提下也给予火电发电商一定的共享比例，最终实现电力产业链上下游企业的利益协调。在实际设定利益共享比例时，绿电发电商和火电发电商的利益共享分成比例会相互影响。在绿电发电商的收益共享比例变化区间内，本章选取 $\phi_2 = 0.1$ 进行分析，此时，可以求得火电发电商的收益共享比例 $\phi_1 < 0.2$。当 $\phi_1 =$

0.1，$\phi_2 = 0.1$ 时电力产业链不同决策模式下各参数的均衡值，见表 5 - 2。

表 5 - 2 当 $\phi_1 = 0.1$，$\phi_2 = 0.1$ 时电力产业链不同决策模式下各参数的均衡值

决策模式	θ	δ	w_1	w_2	Q_1	Q_2	Π_1	Π_2	Π_r	Π_{sc}
集中决策	—	—			4.474	3.738				30.78
分散决策	5	2.5	0.369	0.431	3.644	2.284	4.326	9.402	13.058	26.786
		2.0	0.381	0.446	3.642	2.298	4.732	9.816	12.284	26.832
		1.5	0.391	0.461	3.646	2.319	5.139	10.231	11.552	26.922
		1.0	0.401	0.473	3.656	2.347	5.551	10.651	10.851	27.053
收益共享	5	2.5	0.318	0.353	3.82	2.471	5.477	9.921	14.564	29.962
		2.0	0.331	0.372	3.813	2.473	5.97	10.396	13.606	29.972
		1.5	0.343	0.389	3.814	2.486	6.414	10.865	12.719	29.998
		1.0	0.355	0.404	3.822	2.509	6.878	11.336	11.885	30.098

注：价格弹性参数 θ 和价格弹性参数 δ 的单位为 10^{-12}，订购量 Q_1 和订购量 Q_2 的单位为 10^{10}，利润 Π_i 的单位为 10^9。"—"表示无参数值。

资料来源：笔者计算整理而得。

由表 5 - 2 中各参数的均衡数值可知：首先，总体来看，在混合电力市场中，集中决策时电力产业链的利润最大且订购电量最多。其次，与分散决策模式相比，收益共享契约机制下的各参数值都有了较明显的改善。在相应的竞争强度下，售电商在收益共享契约机制下的购电量大于其在分散决策模式下的购电量，其利润是增加的；对于发电商而言，在收益共享契约机制下，其批发价格较分散模式下有较大幅度降低，而且，其利润都得到了提升。再次，通过收益共享合约的签订，发电商降低并网电价从而获得售电商较高的购电量，这对于电力产业链而言是十分有利的，电力产业链的利润在收益共享决策时明显增加。由此可知，在混合电力市场中，虽然收益共享契约机制达不到集中决策时的最优状态，但是，其仍然可以实现电力产业链上下游各方的帕累托改进。最后，通过参数均衡值对比可知，无论在什么竞争强度下，火电的批发价格都是低于绿电的，并且售电商对火电的购电量更高。这说明，虽然有政府对绿电消纳鼓励机制的存在，但对于售电商"向更低价格的发电商提供更多的订购量"的偏好仍然存在，这与王小龙和刘丽文（2008）的研究结论一致。究其原因，一方面，主要由火电产品和绿电产品的同质性决定；另一方面，绿电产出的不确定性将加大售电商的购电风险，从而影响下

游售电商的购电偏好。

二、参数敏感性分析

在收益共享契约机制下，收益共享系数的变化将直接影响发电商的批发价格，增加电力产业链系统利益协调的灵活性。根据式（5-1）、式（5-25）和式（5-26），可以分别得到收益共享系数 ϕ_i 对购电批发价格 w_i 的影响，见图 5-7。

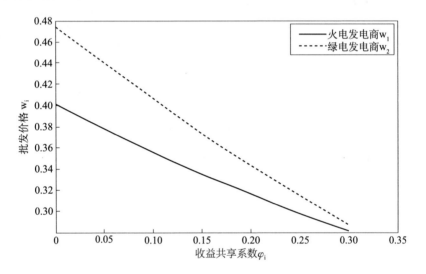

图 5-7　收益共享系数 ϕ_i 对购电批发价格 w_i 的影响

资料来源：笔者根据相关数据运用 MATLAB 软件计算绘制而得。

收益共享系数的变化，可以在一定程度上体现售电商和发电商之间的谈判能力及其对电力产销风险的分担情况。由图 5-7 可知，无论对于火电发电商（下端曲线）还是绿电发电商（上端曲线），随着 ϕ_i 的提高，发电商的并网电价都将逐渐降低。原因在于，收益共享系数提高将使得发电商获得的收益分成更多，其期望收益将获得提升，促使其有足够动力为购电商提供更低的批发电价。结合参数的均衡值，此时，售电商的购电量会提高，并网电价降低刺激购电商接收更多电量并网，从而收益得到提高。由此可知，收益共享合约的签订执行可以使售电商和发电商实现"双赢"。并且，由图 5 - 7 中信息可知，绿电发电商变化曲线的斜率值大于火电发电商，即在 ϕ_i 相同的变化区间内，相较于火电发电商，收益共享系数的变化对绿电批发价格的影响更大。主要原因在于，火电发电较绿电发电成本高，并且绿电发电会获得政府补贴，而火电发电商却没有这部分收入，因此，绿电发电商的批发价格对收益共享系数的变化弹性更大。

为了实现电力产业链的利益协调，必须精心设计收益共享契约机制，其中，最重要的环节是确定收益共享比例。但在实际设计过程中，收益共享比例也会受到如发电商间的竞争强度、政府补贴在绿电发电商和售电商间的比例等其他参数的影响。竞争强度 δ 对收益共享系数 ϕ_i 的影响，见图 5 - 8。可以发现，竞争强度越大，发电商获得的收益共享系数越小。原因在于，产品的同质性、竞争强度的增加，将直接使电力市场上游绿电发电商和火电发电商的电力批发价格下降。此时，售电商可以从上游获得更低购电价格，为了利益最大化，售电商给予发电商较高收益共享比例的动机也将减小。从图 5 - 8 可知，竞争强度增加带动收益共享系数 ϕ_i（$i = 1, 2$）下降的幅度，火电是小于绿电的。这也说明，绿电发电商更依赖于与售电商签订的收益共享机制，而火电发电商对这一机制的依赖性相对较小。

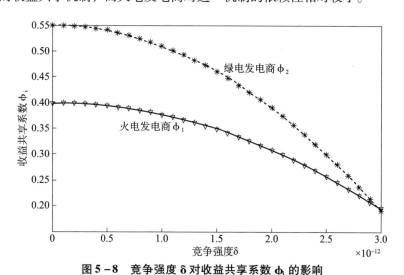

图 5 - 8　竞争强度 δ 对收益共享系数 ϕ_i 的影响

资料来源：笔者根据相关数据运用 MATLAB 软件计算绘制而得。

　　在绿电发电并网过程中，政府为了鼓励绿电的利用，会出台绿电补贴等相关刺激措施。而且，政府补贴也可推动电力产业链收益共享合约利益协调功能的发挥。但是，政府应该怎么补贴，各方补贴比例如何确定，仍然是需要解决的重要问题。通过计算得知，为了保证绿电发电商可以在不亏损的情况下正常发电运营，在本章构建的模型中，应该满足补贴比例 α 不低于 0.568。补贴比例 α 与绿电发电商收益共享比例 ϕ_2 的变化关系，见图 5 - 9。由图 5 - 9 可知，随着政府补贴比例的增加，绿电发电商从售电商处得到的收益共享比例下降。当绿电发电商获得大约 90% 的补贴时，售电商不会给绿电发电商提供收益共享分成，即意味着此时电力产业链收益共享契约机制无法达成。不难理解，政府对绿电发电商补贴比例的增加，意味着绿电发电商收入增加和售电商收入减少。当政府对绿电发电商补贴比例达到一定限值后，售电商获得的补贴部分甚至无法弥补其购买绿电所付出的并网调峰成本和输配成本，追求利润最大化的售电商没有动力继续接收可再生能源电力。因此，为了促进更多的可再生能源电力的并网消纳，政府的补贴策略应该具有针对性，让绿电发电商和电力售电商利润同时增加。

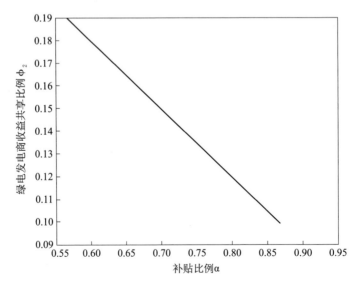

图 5 - 9　补贴比例 α 与绿电发电商收益共享比例 ϕ_2 的变化关系

资料来源：笔者根据相关数据运用 MATLAB 软件计算绘制而得。

第五节　本 章 小 结

　　本章从两家不同种类的、具有竞争关系的发电商、一家主导型售电商和政府多方合意角度出发，构建了一个"多对一"的电力产业链系统模型。通过不同决策模式下的结果对比，发现发电商之间的竞争性并不能消除电力产业链上"双重边际性"效应的存在。收益共享契约机制的引入，虽然不能完全实现集中决策模式下的帕累托最优，但是可以在很大程度上降低产业链因"双重边际性"带来的损失，实现上下游各方和电力产业链的帕累托改进。基于此，本章分析了基于收益共享契约机制的电力产业链利益协调问题，得到了能满足电力产业链利益协调条件的各参数的均衡解析解，并推导了最优契约参数之间的相互变化关系。

　　本章的主要结论为：（1）收益共享契约机制可以实现电力产业链的利益协调，使上下游各企业利润达到帕累托改进，促进可再生能源电的并网消纳。（2）在收益共享决策模式下，收益共享比例的增加可以使上游购电批发价格降低，下游售电商的购电量增加，产业链各方实现"多赢"。相较于火电发电商，绿电发电商的批发价格对收益共享系数的变化弹性更大，其收益共享系数对竞争强度的变化也更敏感，即绿电发电商对收益共享机制的依赖性更强。因此，为了促进绿电的并网消纳，当前阶段收益共享契约机制可以视作不错的选择。（3）电力产业链上游发电商之间竞争强度的增加，会使购电批发价格降低，使售电商的收益共享比例下降，利润增加。因此，上游多个发电商间的竞争会在一定程度上减轻售电商的协调压力，使售电商可以通过更少的收益共享分成支付达到预期的协调目的。（4）政府在绿电的并网消纳问题上扮演着重要角色，通过给予上下游各方绿电补贴和制定售电指导价格，影响电力产业链的利益协调。而且，为了收益共享契约机制的达成，政府的绿电补贴实施应该具有针对性，补贴的分配比例应该同时满足绿电发电商和售电商的利润增加需求。除此之外，基于竞争性对电力市场的影响，政府在出台相应绿电补贴政策的同时，应该更注重长期竞争性市场的培育，建立基于市场机制的成本价格显示，熨平消费者消费可再生能源电力产品不确定性对产业链和各方期望利润的影响，使得促进可再生能源并网的收益共享合约的设计得以简化。

第六章　供需混合市场结构下可再生能源发电并网定价决策

新一轮电力市场化改革后的电力市场，混合了不同电源结构、多种电量分配、定价机制和交易模式，形成了混合电力市场。放松管制后的电力市场在电力供给和电力需求两端都引入了竞争机制，形成竞争性的电力市场。在电力市场交易模式上，既有基于远期双边合约的双边交易，又有基于实时电价的电力现货市场交易。针对多个发电商和多个售电商组成的"多对多"型电力产业链系统，同时考虑绿电产出和电力需求的双重不确定性，本章分别构建了批发价合约决策模型和收益共享合约决策模型，并通过不同决策模式下各均衡指标数值的比较，探究了竞争型的混合电力市场中可再生能源发电并网定价策略。

第一节　问题描述及基本模型

在开放的电力市场环境下，在供电侧，传统能源电力和可再生能源电力将合力保障电力消费市场的消费需求；在售电侧，随着售电业务的放开，更多的售电主体获得市场准入资格，电网垄断经营的格局将逐渐被打破；在电力交易市场机制下，基于远期直购电交易的双边合同交易和基于电力现货市场的实时交易等交易模式将同时存在。

一、问题描述与模型设计

混合电力市场中，在上游供电市场，电力供给由常规电力（火电）和可再生能源电力（绿电）共同承担，实际上有多家发电商，但为了在不影响问题研究的前提下实现模型简化，按照发电能源种类的不同，假设电力供给由两家足够大的发电商完成：一家绿电发电商 1 和一家火电发电商 2。对于绿电而言，火电既是替代产品，又是互补品；反之，对于火电而言，绿电只是替代品。在下游电力消费市场，有不同消费群体的混合。例如，在中国电力需求市场包括工业大用户用电、普通居民用电、农业及社会公益性用电（主要用于包括政府设施、学校、公共基础设施等）等。本章假设有两家售电商，售电商 1 和售电商 2 进行购电售电，售电商间的购电售电行为是无差异的，但是，当分别面对不同的电力消费群体时，它们会面临不同的价格需求曲线，反过来会影响其自身的购电售电行为，表现为售电商之间的差异性。此外，混合电力市场中包括不止一种市场交易模式，基于当前各国主要的电力市场交易模式，本章假设电力市场中同时存在远期双边市场（主要通过签订双边合约进行交易）和现货市场（主要进行实时交易），各发电商和各售电商可以同时在两个市场中进行电力交易。在电力产业链系统模型中，电力交易过程分为三个阶段：第一阶段，各发电商和各售电商在远期市场中通过双边合约进行交易，交易双方确定合约价格及购电量；第二阶段，为了满足实时电量供需波动，发电商和售电商进入电力现货市场进行交易，交易双方将按照统一的实时电价进行购电、售电；第三阶段，在电力消费市场，各售电商将前两个阶段的购电量出售给电力消费用户以获取收益。本章假设：（1）电力市场供需均衡；（2）电力产业链上下游每个电力企业都是风险中性的。混合电力市场电力三阶段产业链结构，见图 6 - 1。

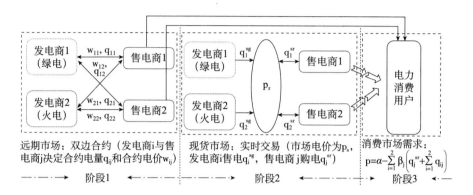

图 6 - 1 混合电力市场电力三阶段产业链结构

资料来源：笔者绘制。

在混合电力市场结构模型中，产业链上下游各方的决策目标都是在完全理性条件下实现期望收益最大化的。如图 6 - 1 所示，在电力交易过程中，在阶段 1，发电商 i（i = 1，2）和售电商 j（j = 1，2）可以自由地通过谈判签订双边合约，在合约中确定合约电价 w_{ij} 和合约电量 q_{ij}。双边合约签订是在场外进行的，不受实时电力市场的影响，但发电商和售电商都不止一家，因此，售电商及其竞争者的购电量都会影响发电商可能报出的合约价格，发电商及其竞争者的电价也会影响售电商的购电决策。在阶段 2，发电商 i 和售电商 j 在电力现货市场按照实时电价进行交易，发电商 i 出售 q_i^{sg} 的电量，售电商 j 购入 q_j^{sr} 的电量。在电力现货市场，买卖双方的价格都按照统一电价 p_s 计算。在阶段 3，售电商 j 将购入的电量出售给终端电力消费用户，最终销售电价 p 由所有售电商购入的总的市场电量形成的需求价格曲线决定。

火电一般是稳定输出的，因此，模型中不考虑火力发电缺电的情况。同时，结合可再生能源电力发展的实际情况，为了鼓励可再生能源电的开发利用，政府会对绿电发电商进行相应补贴。因此，在电力产业链上，各发电商、各售电商、终端电力消费用户以及政府，都是可再生能源发电并网过程中的主要参与者，而相关参与者的行为都会影响可再生能源电的并网消纳。

二、相关变量

变量和相关参数符号及参数说明，见表 6-1。

表 6-1 变量和相关参数符号及参数说明

参数符号	参数说明
w_{ij}	发电商 i 与售电商 j 签订的合约电价
w_{0i}	发电商 i 潜在的最大合约价格
q_i^{sg}	发电商 i 在电力现货市场出售的电量
Q_l	绿电发电产出
l	绿电产出不满足采购电量时的单位缺电成本
y	绿电发电产出随机因子 E (y) = μ，概率密度函数和分布函数分别为 g (·), G (·)
I	绿电电力投资
π_i^g	发电商 i 的期望利润
q_{ij}	售电商 j 与发电商 i 签订的合约电量
q_j^{sr}	售电商 j 在电力现货市场购买电量
c_r	售电商接收单位电力所产生的边际传输成本
β_j	售电商 j 在电力消费市场面临的需求价格弹性
ϕ_{ij}	售电商 j 给发电商 i 制定的收益分享系数，$\phi_{ij} \in$ (0, 1)
π_j^r	售电商 j 的期望利润
p_s	电力现货市场的统一实时电价
p	终端需求市场销售电价
v	政府对绿电发电商的单位电量补贴
Π_{sc}	电力产业链整体期望利润

资料来源：笔者整理。

三、基本模型

对于绿电市场不确定的供给和需求表达处理方法与前述章节类似。随着绿电市场渗透率的提高，绿电的调峰成本会显著增加。本章假设绿电调峰由绿电发电商完成。此外，在政策鼓励可再生能源利用的实际情况下，政府会对绿电发电商按照接收的绿电发电量进行补贴。在终端电力消费市场，可再生能源电力和常规能源电力无差别，具有可替代性。因此，在购电过程中，上游发电商之间存在竞争。本章借鉴崔（1991）对价格竞争的相关研究成果，发电商 i 向售电商 j 提供的批发电价 w_{ij} 为：

$$w_{ij} = w_{oi} - \theta_i q_{ij} + \delta_i q_{3-i,j} \quad (i, j = 1, 2) \qquad (6-1)$$

在式（6-1）中各参数含义同式（5-1），且有 $\theta_i > \delta_i > 0$。

在电力终端消费市场，消费者对电力的需求是不确定的，且电力需求的不确定性主要由价格波动引起（Kong et al., 2017）。为了便于处理，本章借鉴奥利维拉等（Oliveira et al., 2013）和阿西莫格鲁等（Acemoglu et al., 2017）对电力行业市场需求函数的设定，式（6-2）表示电力行业市场的需求函数：

$$p = \alpha - \sum_{j=1}^{2} \beta_j \left(q_j^{sr} + \sum_{i=1}^{2} q_{ij} \right) \qquad (6-2)$$

在式（6-2）中，p 表示电力销售价格。在电力终端消费市场，当售电商 j 面临不同的消费群体时，售电商 j 面临的市场需求曲线是不同的，我们将其视为售电商 j 在电力需求市场的差异性，即 β_j 是售电商 j 在下游电力消费市场面临的需求价格弹性，且 $\beta_j > 0$。因下游消费市场的混合，最终形成的零售价格 p 是混合电力消费市场的平均价格水平。在售电过程中，售电商 j 的售电量包括双边交易的总购电量和电力现货市场购电量两部分。

按照电力市场的供需均衡条件，总的发电供电量等于总的购电售电量。因此，我们有关系式：

$$\sum_{i=1}^{2} \sum_{j=1}^{2} q_{ij} + \sum_{i=1}^{2} q_i^{sg} = \sum_{j=1}^{2} \sum_{i=1}^{2} q_{ij} + \sum_{j=1}^{2} q_j^{sr}$$

化简后得到式（6-3），可知现货电力交易市场的均衡即为电力市场总的均衡条件。

$$\sum_{i=1}^{2} q_i^{sg} = \sum_{j=1}^{2} q_j^{sr} \qquad (6-3)$$

由上述条件可以得到各发电商和各售电商的期望利润分别为：

绿电发电商的期望利润 π_1^g：

$$\pi_1^g = \sum_{j=1}^{2} w_{1j}q_{1j} + p_s q_1^{sg} - \left(a_1 + b_1 \left(q_1^{sg} + \sum_{j=1}^{2} q_{1j} \right) + \frac{1}{2} c_1 \left(q_1^{sg} + \sum_{j=1}^{2} q_{1j} \right)^2 \right)$$

$$+ v \left(q_1^{sg} + \sum_{j=1}^{2} q_{1j} \right) - lE \left(\sum_{j=1}^{2} q_{1j} - Q_1 \right)^+ \qquad (6-4)$$

在式（6-4）中，第一项、第二项分别表示绿电发电商1通过双边合约交易和电力现货市场获得的直接收入；第三项表示绿电发电商1的发电并网成本。除了发电投资成本，绿电发电产出具有不稳定性，其发电利用需要并网调峰，因此，其电力成本是非线性的；第四项表示绿电发电商1获得的政府补贴；第五项表示绿电发电商1因产出的不稳定性需要承担的合约期望缺电损失。

火电发电商2的期望利润 π_2^g：

$$\pi_2^g = \sum_{j=1}^{2} w_{2j}q_{2j} + p_s q_2^{sg} - c_2 \left(q_2^{sg} + \sum_{j=1}^{2} q_{2j} \right) \qquad (6-5)$$

相似地，在式（6-5）中，第一项、第二项分别表示火电发电商2通过双边合约交易和电力现货市场交易获得的直接收入；第三项表示火电发电商2的发电并网成本。因为火电发电产出相对稳定，所以，本章假设其发电并网成本是线性的，并且不存在缺电损失。

售电商 j（j=1，2）的期望利润 π_j^r：

$$\pi_j^r = p \left(q_j^{sr} + \sum_{i=1}^{2} q_{ij} \right) - \sum_{i=1}^{2} w_{ij}q_{ij} - p_s q_j^{sr} - c_r \left(q_j^{sr} + \sum_{i=1}^{2} q_{ij} \right)$$

$$+ lE \left(q_{1j} - (Q_1 - q_{1,3-j}) \right)^+ \qquad (6-6)$$

在式（6-6）中，第一项表示售电商 j 在终端电力消费市场售电所得收入；第二项、第三项分别表示售电商 j 在双边交易市场和现货交易市场购电所支付的购电成本；第四项表示售电商 j 承担的电力传输成本；第五项则表示售电商 j 从绿电发电商 1 处可能得到的缺电损失补偿。

在上述模型中，绿电的电力产出是随机的，因为产出随机因子 y 的期望均值为 μ，所以，绿电发电商 1 的平均产出为 $E(Q_1) = E(yI) = \mu I$。

第二节 批发价合约模型求解

在电力市场交易过程中，发电商 i 和售电商 j 先通过签订双边合约进行双边交易，再进入电力现货市场进行实时交易。按照逆向求解法则，应该先求出电力现货市场各变量的均衡解，再代入双边交易市场，求出电力产业链的均衡条件。

一、电力现货市场均衡求解

在电力产业链中，售电商 j 将在两个交易市场中购买的电力出售给终端消费者以获取收益，按照利润最大化原则，售电商 j 会决定在不同交易市场购买的最优电量，各发电商会在此最优购电量基础上，基于利润最大化原则，决策发电投资及并网电价。根据这一思路，在不考虑契约协调的情形下，先求出电力现货市场的各均衡解。

命题 6 - 1：在电力现货市场，售电商 j 的期望利润 π_j^r 是其购电量 q_j^{sr} 的凹函数，存在最优解 q_j^{sr} 使得 π_j^r 最大化。

性质 6 - 1：电力现货市场价格 p_s 与终端售电价格 p 满足关系 $p = \frac{2}{3} p_s + \frac{2}{3} c_r + \frac{1}{3} \alpha$ 且 $p_s < \alpha + 2c_r$。

证明：由式（6 - 6）可得 π_j^r 关于 q_j^{sr} 的二阶偏导数小于零，即 π_j^r 是购电量 q_j^{sr} 的凹函数，命题 6 - 1 得证。进一步令一阶偏导 $\frac{\partial \pi_j^r}{\partial q_j^{sr}}$ 为零，可得

133

$p_s < \alpha + 2c_r$。性质 6 - 1 得证。

推论 6 - 1：若售电侧是完全竞争市场，则售电商 j 的售电定价执行成本定价，$p = p_s + c_r$，即售电价格为电力现货市场电价与传输成本之和。

证明：当售电侧是完全竞争市场时，即 j = 1，2，…，N，N→ + ∞。根据性质 6 - 1 的证明，我们有 $N(p_s + c_r) = (N + 1) p - \alpha$。化简后可得关系式 $p = \dfrac{N}{N+1}(p_s + c_r) + \dfrac{\alpha}{N+1}$，因此，当 N→ + ∞ 时，有 p→$p_s + c_r$，推论 6 - 1 得证。

由性质 6 - 1 和推论 6 - 1 可知，在电力市场中，售电商 j 时售电价格与现货电价有关，与双边交易合约电价无关，这证明了双边合约签订是在场外进行的，价格不影响实时电价和销售电价。另外，随着售电商数量的增加，售电价格和电力现货市场的电价差距不断缩小。

由 π_j^r 对 q_j^{sr} 的一阶偏导条件可知，

$$\frac{\partial \pi_j^r}{\partial q_j^{sr}} = -\beta_j\left(q_j^{sr} + \sum_{i=1}^{2} q_{ij}\right) + p - p_s - c_r = 0$$

结合性质 6 - 1 关系式 $p = \dfrac{2}{3}p_s + \dfrac{2}{3}c_r + \dfrac{1}{3}\gamma$，有 $q_j^{sr} = \dfrac{\alpha - c_r - p_s}{3\beta_j} - \sum_{i=1}^{2} q_{ij}$。

由电力市场均衡条件式（6 - 3）可知，$\sum_{i=1}^{2} q_i^{sg} = \sum_{j=1}^{2} q_j^{sr} =$

$\sum_{j=1}^{2}\left(\dfrac{\alpha - c_r - p_s}{3\beta_j} - \sum_{i=1}^{2} q_{ij}\right) = \sum_{j=1}^{2}\dfrac{\alpha - c_r - p_s}{3\beta_j} - \sum_{j=1}^{2}\sum_{i=1}^{2} q_{ij}$，令 $A = \sum_{j=1}^{2} 3\beta_j$，有

$\sum_{i=1}^{2} q_i^{sg} = \dfrac{\alpha - c_r - p_s}{A} - \sum_{j=1}^{2}\sum_{i=1}^{2} q_{ij}$，得证 $p_s = \alpha - c_r - A\sum_{i=1}^{2}\sum_{j=1}^{2} q_{ij} - A\sum_{i=1}^{2} q_i^{sg}$。

通过计算，我们可以得到售电商 j 在电力现货市场的购电量 q_j^{sr} 及发电商 i 在电力现货市场的需求曲线：

$$q_j^{sr} = \frac{\alpha - c_r - p_s}{3\beta_j} - \sum_{i=1}^{2} q_{ij} \tag{6-7}$$

$$p_s = \alpha - c_r - A\sum_{i=1}^{2}\sum_{j=1}^{2} q_{ij} - A\sum_{i=1}^{2} q_i^{sg} \tag{6-8}$$

其中，$A = \sum\limits_{j=1}^{2} 3\beta_j$ 表示常量。在式（6-8）中，第三项为双边交易市场中签订的合约电量总和，在求解电力现货市场均衡时，可以将其看作一个已知量。因此，式（6-8）是电力现货市场中发电商 i 面对的关于需求价格 p_s 和需求量 q_i^{sg} 的需求曲线。

之后，在现货电力市场中，发电商 i 分别对其售电量 q_i^{sg} 进行决策，可得电力现货市场发电商 i 的最优售电量为：

$$\sum_{i=1}^{2} q_i^{sg} = q_1^{sg} + q_2^{sg} =$$

$$\frac{(2A+c_1)(\alpha-c_r) + A(v-b_1) - c_2(A+c_1) - A(2A+c_1)\sum\limits_{i=1}^{2}\sum\limits_{j=1}^{2}q_{ij} - Ac_1\sum\limits_{j=1}^{2}q_{1j}}{A(3A+2c_1)}$$

将上述结果分别代入 q_1^{sg} 和 q_2^{sg} 的表达式，可得电力现货市场中各发电商的最优售电量。

命题 6-2：在电力现货市场，各发电商的期望利润 π_i^g 是其售电量 q_i^{sg} 的凹函数，存在最优解 q_i^{sg} 使 π_i^g 最大化。

通过计算，发电商 i 在电力现货市场的最优售电量 q_1^{sg} 和 q_2^{sg} 的表达式分别为：

$$\begin{cases} q_1^{sg} = \dfrac{\alpha - c_r + 2(v-b_1) + c_2 - A\sum\limits_{j=1}^{2}\sum\limits_{i=1}^{2}q_{ij} - 2c_1\sum\limits_{j=1}^{2}q_{1j}}{3A+2c_1} \\[4mm] q_2^{sg} = \dfrac{(A+c_1)(\alpha-c_r) - A(v-b_1) - c_2(2A+c_1) - A(A+c_1)\sum\limits_{j=1}^{2}\sum\limits_{i=1}^{2}q_{ij} + Ac_1\sum\limits_{j=1}^{2}q_{1j}}{A(3A+2c_1)} \end{cases}$$

$$(6-9)$$

由此，我们可得电力现货市场电价 p_s 的表达式：

$$p_s = \frac{(A+c_1)(\alpha-c_r+c_2) - A(v-b_1) - A(A+c_1)\sum\limits_{j=1}^{2}\sum\limits_{i=1}^{2}q_{ij} + Ac_1\sum\limits_{j=1}^{2}q_{1j}}{3A+2c_1}$$

$$(6-10)$$

二、双边市场均衡求解

在获得电力现货市场的均衡条件之后，售电商 j 和发电商 i 将在双边交易市场基于自身利润最大化进行决策。在分散决策模式下，电力产业链上下游各成员以实现自身利润最大化为决策目标，售电商 j 和发电商 i 存在非合作博弈关系。在远期双边交易市场，考虑到市场竞争，发电商 i 愿意为售电商 j 提供较低的批发电价以获取更大购电量。发电商 i 先向售电商 j 提供一个较低的批发电价 w_{ij}，并且该批发电价与售电商 j 的购电量之间具有与式（6-1）相同的关系。之后，售电商 j 基于利润最大化，会选择在发电商 i 处的最优购电量 q_{ij}，发电商 i 则会根据该购电量调整发电投资和并网电价。通过谈判，发电商 i 和售电商 j 确定合约电价 w_{ij} 和合约电量 q_{ij}，最终签订双边合约。

命题 6-3：在双边交易市场，售电商 j 的期望利润 π_j^r 是其从发电商 i 处购买合约电量 q_{ij} 的凹函数，存在最优合约电量使 π_j^r 最大化。

性质 6-2：当存在最优合约电量 q_{ij} 使分散决策下售电商 j 的期望利润最大化时，需要满足条件 $\theta_1 < \dfrac{A^2}{3A+2c_1} - \dfrac{1}{9\beta_j}\left(\dfrac{A^2}{3A+2c_1}\right)^2 - \dfrac{1}{2I}$，$\theta_2 < \dfrac{A(A+c_1)}{3A+2c_1} - \dfrac{1}{9\beta_j}\left(\dfrac{A(A+c_1)}{3A+2c_1}\right)^2$。

联立方程组 $\dfrac{\partial \pi_j^r}{\partial q_{1j}} = 0$ 和 $\dfrac{\partial \pi_j^r}{\partial q_{2j}} = 0$，我们得到双边合约中发电商 i 的总合约电量 $\sum\limits_{j=1}^{2} q_{ij}$：

$$\begin{cases} \sum\limits_{j=1}^{2} q_{1j} = \dfrac{2B_4 w_{01} - 2B_2 w_{02} + B_2\Delta_2 - B_4\Delta_1}{B_1 B_4 - B_2 B_3} \\[4mm] \sum\limits_{j=1}^{2} q_{2j} = \dfrac{2B_1 w_{02} - 2B_3 w_{01} + B_3\Delta_1 - B_1\Delta_2}{B_1 B_4 - B_2 B_3} \end{cases} \quad (6-11)$$

因此，双边交易市场总的合约电量 $\sum\limits_{j=1}^{2}\sum\limits_{i=1}^{2}q_{ij}$ 为：

$$\sum\limits_{j=1}^{2}\sum\limits_{i=1}^{2}q_{ij}=\sum\limits_{j=1}^{2}q_{1j}+\sum\limits_{j=1}^{2}q_{2j}=$$

$$\frac{2（B_4-B_3）w_{01}+2（B_1-B_2）w_{02}+（B_3-B_4）\Delta_1+（B_2-B_1）\Delta_2}{B_1B_4-B_2B_3}$$

将上述结果代入式（6-10），可以得到电力现货市场电价 p_s：

$$p_s=H_1w_{01}+H_2w_{02}+\Delta_3 \qquad (6-12)$$

将上述结果代入一阶偏导为零的联立方程组，我们可以得到售电商 j 在双边交易市场最优的绿电合约电量 q_{1j} 和火电合约电量 q_{2j}：

$$\begin{cases}q_{1j}=K_1w_{01}+K_2w_{02}+\Delta_4\\q_{2j}=K_3w_{01}+K_4w_{02}+\Delta_5\end{cases} \qquad (6-13)$$

将式（6-11）的结果代入式（6-9），可以得到发电商 i 在电力现货市场的最优售电量 q_1^{sg} 和最优售电量 q_2^{sg} 分别为：

$$\begin{cases}q_1^{sg}=L_1w_{01}+L_2w_{02}+\Delta_6\\q_2^{sg}=L_3w_{01}+L_4w_{02}+\Delta_7\end{cases} \qquad (6-14)$$

由式（6-13）、式（6-14）可知，合约批发电价将影响双边市场合约电量和电力现货市场交易电量的大小。特别地，在远期双边交易市场，发电商 i 从售电商 j 处获得的合约购电量 q_{ij} 依赖于发电商 i 及其竞争对手报出的批发电价的大小。发电商 i 将根据售电商 j 的决策电量，决定批发电价变动。

命题 6-4：在双边交易市场，发电商 i 的期望利润 π_i^g 是其最大潜在合约批发电价 w_{0i} 的凹函数，存在最优批发电价 w_{0i}，使 π_i^g 最大化。

证明：根据发电商 i 的利润函数 π_i^g，对其分别求解关于最大潜在合约批发电价 w_{0i} 的一阶偏导条件和二阶偏导条件，易得证。

之后，根据发电商 i 利润最大化时的一阶偏导条件，并联立式（6-12）和式（6-13），我们可以得到最优潜在最大批发价格 w_{0i} 的解，见式（6-15）：

$$
\begin{cases}
w_{01} = \dfrac{R_2 \Delta_9 - R_4 \Delta_8}{R_1 R_4 - R_2 R_3} \\[3mm]
w_{02} = \dfrac{R_3 \Delta_8 - R_1 \Delta_9}{R_1 R_4 - R_2 R_3}
\end{cases}
\qquad (6-15)
$$

最后，联立式（6-1）、式（6-13）和式（6-15），可求得在分散决策模式下，双边交易市场发电商 i 和售电商 j 的最优合约购电量 q_{ij} 和批发电价 w_{ij}；根据式（6-7）、式（6-12）和式（6-14），我们可以得到电力现货市场中发电商 i 和售电商 j 的交易电价 p_s 和交易电量 q_i^{sg}、q_j^{sr}；之后，根据式（6-2），可以得到电力需求市场的消费价格 p；最后，将上述各结果分别代入式（6-4）、式（6-5）和式（6-6），可以得到分散决策模式下发电商 i 和售电商 j 的最优利润 π_i^g、π_j^r。

结论 6-1： 满足条件的决策组合（q_{ij}，w_{ij}；q_i^{sg}，q_j^{sr}，p_s；p），即为在分散决策批发价合约下考虑绿电发电产出与电力市场需求均为随机时，混合电力市场发电商 i 和售电商 j 之间非合作博弈的均衡解。

根据结论 6-1 求出的各决策变量的均衡解，将其分别代入式（6-4）、（6-5）和式（6-6），可以求得分散决策批发价合约下混合电力市场中各发电商 i、售电商 j 以及电力产业链的期望利润。分散决策下的产业链利润往往因"双重边际性"效应无法实现产业链利益协调，对于产业链上各成员而言，需要引入合理的契约机制解决这一问题，而收益共享合约已经被证明是一条可选择的合约模式。

第三节　收益共享契约模型求解

发电商 i 为了保证可以销售更多电力，同时售电商 j 也为了可以减少购电成本，双方在第一阶段的双边合约市场，可以通过签订收益共享合约实现利益协调。在收益共享模式中，售电商 j 会从发电商 i 的电力产品销售收入中分出一定比例分享给发电商 i 以换取更低的电力批发价格，而发电商 i 为了保障自身利益，也乐于接受这种契约，特别是对于产出不稳定的绿电发电商 1。收益共享机制将使发电商 i 和售电商 j 都获益，并共同承担一定程度的产销风险。

在收益共享合约中，售电商 j 实际决策变量为给发电商 i 制定的收益共享比例 ϕ_{ij}（$0 < \phi_{ij} < 1$；$i, j = 1, 2$）和购电量 $\bar{q}_{ij}$，发电商 i 则会决定潜在的最大批发价格 $\bar{w}_{0i}$。在购电过程中，发电商 i 存在满足式（6-16）的竞争关系：

$$\bar{w}_{ij} = \bar{w}_{oi} - \theta_i \bar{q}_{ij} + \delta_i \bar{q}_{3-i,j} \quad (i, j = 1, 2) \qquad (6-16)$$

式（6-17）表示电力需求市场的需求函数：

$$\bar{p} = \alpha - \sum_{j=1}^{2} \beta_j \left(\bar{q}_j^{sr} + \sum_{i=1}^{2} \bar{q}_{ij} \right) \qquad (6-17)$$

在收益共享合约推导过程中，我们更关注收益共享合约比例的制定及该合约比例与其他参数之间的影响，因此，在不影响理论模型推导的基础上，我们假设售电商 j 的需求价格弹性 β_j 是相同的，即 $\beta_1 = \beta_2$。

一、电力现货市场均衡求解

类似于式（6-3），我们可以得到收益共享模式下电力现货市场电力交易的均衡条件，见式（6-18）：

$$\sum_{i=1}^{2} \bar{q}_i^{sg} = \sum_{j=1}^{2} \bar{q}_j^{sr} \qquad (6-18)$$

考虑到绿电发电的随机产出和市场随机需求，可以得到收益共享合约中各发电商和各售电商的期望利润函数分别为：

绿电发电商 1 的期望利润 $\bar{\pi}_1^g$：

$$\bar{\pi}_1^g = \sum_{j=1}^{2} \phi_{1j} \bar{p} \bar{q}_{1j} + \sum_{j=1}^{2} \bar{w}_{1j} \bar{q}_{1j} + \bar{p}_s \bar{q}_1^{sg} - \left(a_1 + b_1 \left(\bar{q}_1^{sg} + \sum_{j=1}^{2} \bar{q}_{1j} \right) \right)$$

$$+ \frac{1}{2} c_1 \left(\bar{q}_1^{sg} + \sum_{j=1}^{2} \bar{q}_{1j} \right)^2 \bigg) + v \left(\bar{q}_1^{sg} + \sum_{j=1}^{2} \bar{q}_{1j} \right) - lE \left(\sum_{j=1}^{2} \bar{q}_{1j} - Q_1 \right)^{+}$$

$$(6-19)$$

在式（6-19）中，第一项表示绿电发电商1通过收益共享合约从售电商 j 处得到的收益分成；后面几项类似于式（6-4）的解释，第二项、第三项分别表示绿电发电商1通过双边合约交易市场和电力现货市场获得的直接收入；第四项表示绿电发电商1的发电成本及并网成本；第五项表示绿电发电商1获得的政府补贴；最后一项表示绿电发电商1需要承担的期望缺电损失。

火电发电商2的期望利润 $\bar{\pi}_2^g$：

$$\bar{\pi}_2^g = \sum_{j=1}^{2} \phi_{2j} \bar{p} \bar{q}_{2j} + \sum_{j=1}^{2} \bar{w}_{2j} \bar{q}_{2j} + \bar{p}_s \bar{q}_2^{sg} - c_2 \left(\bar{q}_2^{sg} + \sum_{j=1}^{2} \bar{q}_{2j} \right)$$

$$(6-20)$$

在式（6-20）中，第一项表示火电发电商2通过收益共享合约从售电商 j 处得到的收益分成；第二项、第三项分别表示火电发电商2通过双边合约交易市场和电力现货市场获得的直接收入；最后一项表示火电发电商2的发电并网成本。

售电商 j（j = 1，2）在收益共享合约模式下的期望利润 $\bar{\pi}_j^r$：

$$\bar{\pi}_j^r = \sum_{i=1}^{2} (1 - \phi_{ij}) \bar{p} \bar{q}_{ij} + \bar{p} \bar{q}_j^{sr} - \sum_{i=1}^{2} \bar{w}_{ij} \bar{q}_{ij} - \bar{p}_s \bar{q}_j^{sr}$$

$$- c_r \left(\bar{q}_j^{sr} + \sum_{i=1}^{2} \bar{q}_{ij} \right) + lE \left(\bar{q}_{1j} - (Q_1 - \bar{q}_{1,3-j}) \right)^{+} \quad (6-21)$$

在式（6-21）中，第一项表示售电商 j 在双边合约交易市场签订收益共享合约后所得的收益分成；第二项表示售电商 j 从电力现货市场获得的收入；第三项、第四项分别表示售电商 j 在两种交易市场中购电所支付的购电成本；第五项表示电力传输成本；最后一项则表示售电商 j 从绿电发电商1处得到的缺电损失补偿。

在混合电力产业链中，各参与方基于利润最大化进行决策，先求解电力现货市场交易的均衡，过程类似于批发价合约模型求解。

命题 6 - 5：收益共享模式下，在电力现货市场，售电商 j 的期望利润 $\bar{\pi}_j^r$ 是其购电量 $\bar{q}_j^{sr}$ 的凹函数，存在最优购电量使其利润最大化。

性质 6 - 3：收益共享模式下，电力现货市场价格 $\bar{p}_s$ 与终端售电价格 $\bar{p}$ 满足新的关系 $\bar{p} = \dfrac{2}{3}\bar{p}_s + \dfrac{2}{3}c_r + \dfrac{1}{3}\alpha - \dfrac{1}{3}\displaystyle\sum_{j=1}^{2}\sum_{i=1}^{2}\beta_j\phi_{ij}\bar{q}_{ij}$。

类似于批发价合约模型求解过程，通过计算，我们可以得到售电商 j 在电力现货市场的最优购电量 $\bar{q}_j^{sr}$：

$$\bar{q}_j^{sr} = \frac{\alpha - c_r - \bar{p}_s}{3\beta_j} - \frac{1}{3\beta_j}\sum_{j=1}^{2}\sum_{i=1}^{2}\beta_j\phi_{ij}\bar{q}_{ij} - \sum_{i=1}^{2}(1-\phi_{ij})\bar{q}_{ij} \qquad (6-22)$$

在电力现货市场中，发电商 i 面对的是关于需求价格 $\bar{p}_s$ 和需求量 $\bar{q}_i^{sg}$ 的需求曲线：

$$\bar{p}_s = \alpha - c_r - A\sum_{i=1}^{2}\sum_{j=1}^{2}\left(1-\left(1-\frac{\beta_j}{A}\right)\phi_{ij}\right)\bar{q}_{ij} - A\sum_{i=1}^{2}\bar{q}_i^{sg} \quad (6-23)$$

在式（6 - 23）中，$A = \displaystyle\sum_{j=1}^{2}3\beta_j$ 为常量。

之后，在电力现货市场中，发电商 i 分别对其售电量 $\bar{q}_i^{sg}$ 进行决策。

命题 6 - 6：在电力现货市场，发电商 i 的期望利润 $\bar{\pi}_i^g$ 是其售电量 $\bar{q}_i^{sg}$ 的凹函数，存在最优解 $\bar{q}_i^{sg}$ 使 $\bar{\pi}_i^g$ 最大化。

通过计算，在收益共享模式下，发电商 i 在电力现货市场的最优售电量 $\bar{q}_i^{sg}$（i = 1，2）的表达式分别为：

$$\begin{cases} \bar{q}_1^{sg} = \dfrac{\alpha - c_r + 2(v - b_1) + c_2 - A\sum_{i=1}^{2}\sum_{j=1}^{2}\left(1-\left(1-\frac{\beta_j}{A}\right)\phi_{ij}\right)\bar{q}_{ij} - 2c_1\sum_{i=1}^{2}\sum_{j=1}^{2}\bar{q}_{ij} - \frac{2}{3}A\left(2\sum_{j=1}^{2}\phi_{1j}\bar{q}_{1j} - \sum_{j=1}^{2}\phi_{2j}\bar{q}_{2j}\right)}{3A + 2c_1} \\[2em] \bar{q}_2^{sg} = \dfrac{(A+c_1)(\alpha - c_r) - A(v - b_1) - c_2(2A + c_1) - A(A+c_1)\sum_{i=1}^{2}\sum_{j=1}^{2}\left(1-\left(1-\frac{\beta_j}{A}\right)\phi_{ij}\right)\bar{q}_{ij} + Ac_1\sum_{i=1}^{2}\sum_{j=1}^{2}\bar{q}_{ij} + \frac{2}{3}A\left(A\sum_{j=1}^{2}\phi_{1j}\bar{q}_{1j} - (2A+c_1)\sum_{j=1}^{2}\phi_{2j}\bar{q}_{2j}\right)}{A(3A + 2c_1)} \end{cases}$$

$$(6-24)$$

由此可得，电力现货市场电价 $\bar{p}_s$ 的表达式：

$$\bar{p}_s = \frac{(A+c_1)(\alpha - c_r + c_2) - A(v - b_1) - A(A+c_1)\sum_{i=1}^{2}\sum_{j=1}^{2}\left(1-\left(1-\frac{\beta_j}{A}\right)\phi_{ij}\right)\bar{q}_{ij} + Ac_1\sum_{i=1}^{2}\sum_{j=1}^{2}\bar{q}_{ij} + \frac{2}{3}A\left(A\sum_{j=1}^{2}\phi_{1j}\bar{q}_{1j} + (A+c_1)\sum_{j=1}^{2}\phi_{2j}\bar{q}_{2j}\right)}{3A + 2c_1}$$

$$(6-25)$$

二、双边市场均衡求解

根据上述结果，我们得到收益共享模式下电力现货市场的均衡条件，之后，售电商 j 和发电商 i 将在双边交易市场基于自身收益最大化进行决策。与批发价合约不同的是，在收益共享合约中，售电商 j 为了得到更低的批发电价，会向发电商 i 按照分享比例 ϕ_{ij} 提供收益分成。因此，在电力产业链上下游双方签订收益共享合同时，收益共享比例 ϕ_{ij} 会成为售电商 j 一个新的决策变量。

命题 6 - 7：收益共享模式下，在双边交易市场，售电商 j 的期望利润 $\bar{\pi}_j^r$ 是其从发电商 i 处购买合约电量 $\bar{q}_{ij}$ 的凹函数，存在最优合约电量，使 $\bar{\pi}_j^r$ 最大化。

性质 6 - 4：当存在最优合约电量 $\bar{q}_{ij}$ 满足售电商 j 的期望利润 $\bar{\pi}_j^r$ 最大化时，需要满足如下条件：

$$
\begin{cases}
\begin{aligned}
& \left(\frac{1}{9\beta_j} \left(\frac{(A+c_1)(A-\beta_j)+\frac{2}{3}A^2}{3A+2c_1} \right)^2 - \frac{7}{9} \frac{(A+c_1)(A-\beta_j)+\frac{2}{3}A^2}{3A+2c_1} + \frac{1}{9}\beta_j \right) \phi_{1j}^2 \\
& + \left(\frac{(A+c_1)(A-\beta_j)+\frac{13}{9}A^2}{3A+2c_1} - \frac{2}{9\beta_j} \frac{A^2}{3A+2c_1} \frac{(A+c_1)(A-\beta_j)+\frac{2}{3}A^2}{3A+2c_1} \right) \phi_{1j} \\
& + \frac{1}{9\beta_j} \left(\frac{A^2}{3A+2c_1} \right)^2 + \theta_1 + \frac{1}{2I} - \frac{A^2}{3A+2c_1} < 0 \\[2mm]
& \left(\frac{1}{9\beta_j} \left(\frac{(A+c_1)\left(\frac{5}{3}A-\beta_j\right)}{3A+2c_1} \right)^2 - \frac{7}{9} \frac{(A+c_1)\left(\frac{5}{3}A-\beta_j\right)}{3A+2c_1} + \frac{1}{9}\beta_j \right) \phi_{2j}^2 \\
& + \left(\frac{(A+c_1)\left(\frac{22}{9}A-\beta_j\right)}{3A+2c_1} - \frac{2}{9\beta_j} \frac{A(A+c_1)}{3A+2c_1} \frac{(A+c_1)\left(\frac{5}{3}A-\beta_j\right)}{3A+2c_1} \right) \phi_{2j} \\
& + \frac{1}{9\beta_j} \left(-\frac{A(A+c_1)}{3A+2c_1} \right)^2 + \theta_2 - \frac{A(A+c_1)}{3A+2c_1} < 0
\end{aligned}
\end{cases}
$$

联立方程组 $\dfrac{\partial \bar{\pi}_j^r}{\partial \bar{q}_{1j}} = 0$ 和 $\dfrac{\partial \bar{\pi}_j^r}{\partial \bar{q}_{2j}} = 0$，可得收益共享合约中发电商 i 的总合

约电量 $\displaystyle\sum_{j=1}^{2} \bar{q}_{ij}$：

$$\begin{cases} \displaystyle\sum_{j=1}^{2} \bar{q}_{1j} = \dfrac{2\,\bar{B}_4\,\bar{w}_{01} - 2\,\bar{B}_2\,\bar{w}_{02} + \bar{B}_2\,\bar{\Delta}_2 - \bar{B}_4\,\bar{\Delta}_1}{\bar{B}_1\,\bar{B}_4 - \bar{B}_2\,\bar{B}_3} \\[4mm] \displaystyle\sum_{j=1}^{2} \bar{q}_{2j} = \dfrac{2\,\bar{B}_1\,\bar{w}_{02} - 2\,\bar{B}_3\,\bar{w}_{01} + \bar{B}_3\,\bar{\Delta}_1 - \bar{B}_1\,\bar{\Delta}_2}{\bar{B}_1\,\bar{B}_4 - \bar{B}_2\,\bar{B}_3} \end{cases} \tag{6-26}$$

将上述结果代入式（6-25），可得电力现货市场电价 $\bar{p}_s$：

$$\bar{p}_s = \bar{H}_1\,\bar{w}_{01} + \bar{H}_2\,\bar{w}_{02} + \bar{\Delta}_3 \tag{6-27}$$

将上述结果重新代入一阶偏导为零的联立方程组 $\dfrac{\partial \bar{\pi}_j^r}{\partial \bar{q}_{1j}} = 0$，$\dfrac{\partial \bar{\pi}_j^r}{\partial \bar{q}_{2j}} = 0$，

我们可以得到新的联立方程组：

$$\begin{cases} \left(\dfrac{\partial \bar{p}_s}{\partial \bar{q}_{1j}}\,(1-\phi_{1j}) + 2\theta_1 \right)\bar{q}_{1j} + \left(\dfrac{\partial \bar{p}_s}{\partial \bar{q}_{1j}}\,(1-\phi_{2j}) - (\delta_1 + \delta_2) \right)\bar{q}_{2j} + \bar{B}_5\,\bar{w}_{01} + \bar{B}_6\,\bar{w}_{02} + \bar{\Delta}_4 = 0 \\[4mm] \left(\dfrac{\partial \bar{p}_s}{\partial \bar{q}_{2j}}\,(1-\phi_{1j}) - (\delta_1 + \delta_2) \right)\bar{q}_{1j} + \left(\dfrac{\partial \bar{p}_s}{\partial \bar{q}_{2j}}\,(1-\phi_{2j}) + 2\theta_2 \right)\bar{q}_{2j} + \bar{B}_7\,\bar{w}_{01} + \bar{B}_8\,\bar{w}_{02} + \bar{\Delta}_5 = 0 \end{cases}$$
$$\tag{6-28}$$

求解式（6-28），可以得到售电商 j 在收益共享合约中最优的绿电合

约电量 $\bar{q}_{1j}$ 和火电合约电量 $\bar{q}_{2j}$：

$$\begin{cases} \bar{q}_{1j} = \bar{K}_1\,\bar{w}_{01} + \bar{K}_2\,\bar{w}_{02} + \bar{\Delta}_6 \\[3mm] \bar{q}_{2j} = \bar{K}_3\,\bar{w}_{01} + \bar{K}_4\,\bar{w}_{02} + \bar{\Delta}_7 \end{cases} \tag{6-29}$$

联立式（6-24）、式（6-27）和式（6-29），可以得到发电商 i 在

电力现货市场的最优售电量 $\bar{q}_1^{sg}$ 和 $\bar{q}_2^{sg}$ 分别为：

$$\begin{cases} \bar{q}_1^{sg} = \bar{L}_1 \bar{w}_{01} + \bar{L}_2 \bar{w}_{02} + \bar{\Delta}_8 \\ \bar{q}_2^{sg} = \bar{L}_3 \bar{w}_{01} + \bar{L}_4 \bar{w}_{02} + \bar{\Delta}_9 \end{cases} \quad (6-30)$$

由式（6-29）、式（6-30）可知，合约批发电价仍将影响合约电量和电力现货市场交易电量的大小。特别地，在签订收益共享合约时，发电商 i 从售电商 j 处获得的合约购电量 $\bar{q}_{ij}$ 依赖于发电商 i 及其竞争对手报出的批发电价的大小。发电商 i 将根据售电商 j 的决策电量决定潜在批发电价。

命题 6-8：在收益共享合约中，发电商 i 的期望利润 $\bar{\pi}_i^g$ 是其最大潜在合约批发电价 $\bar{w}_{0i}$ 的凹函数，存在最优批发电价使 $\bar{\pi}_i^g$ 最大化。

性质 6-5：当存在最优潜在合约批发电价 $\bar{w}_{0i}$，满足售电商 j 的期望利润 $\bar{\pi}_i^g$ 最大化时，需要满足条件：

$$\phi_{1j} \in \left(0, \ \min\left\{ \frac{2A^2}{2A\left(\frac{5}{3}A + c_1\right) - (5A + 4c_1)\beta_j}, \ 1 \right\} \right),$$

$$\phi_{2j} \in \left(0, \ \min\left\{ \frac{2A(A + c_1)}{\frac{10}{3}A(A + c_1) - (5A + 4c_1)\beta_j}, \ 1 \right\} \right)_\circ$$

根据发电商 i 利润最大化时的一阶偏导条件 $\dfrac{\partial \bar{\pi}_i^g}{\partial \bar{w}_{0i}} = 0$，我们可以得到收益共享合约下发电商 i 的最优潜在最大批发价格 $\bar{w}_{0i}$ 的解：

$$\begin{cases} \bar{w}_{01} = \dfrac{\bar{R}_2 \bar{\Delta}_{11} - \bar{R}_4 \bar{\Delta}_{10}}{\bar{R}_1 \bar{R}_4 - \bar{R}_2 \bar{R}_3} \\[3mm] \bar{w}_{02} = \dfrac{\bar{R}_3 \bar{\Delta}_{10} - \bar{R}_1 \bar{\Delta}_{11}}{\bar{R}_1 \bar{R}_4 - \bar{R}_2 \bar{R}_3} \end{cases} \quad (6-31)$$

结论 6 – 2：满足条件的决策组合 $(\bar{q}_{ij}, \bar{w}_{ij}; \bar{q}_i^{sg}, \bar{q}_j^{sr}, \bar{p}_s; \bar{p})$，即为在收益共享合约下考虑绿电发电产出与电力市场需求均为随机时，混合电力市场中发电商 i 和售电商 j 之间合作博弈的均衡解。

根据结论 6 – 2 求出的各决策变量的均衡解，将其分别代入式（6 – 19）～式（6 – 21），可以求得收益共享合约下发电商 i、售电商 j 以及电力产业链的期望利润。而且，通过上述模型求解，我们分别获得了批发价合约和收益共享合约下混合电力市场的并网定价决策均衡解。为了更客观、更直接地比较不同合约决策模式下均衡解的变化，下文以中国电力市场的实际数据进行数值模拟分析。

第四节　数 值 模 拟

以风电为例，根据中节能风力发电股份有限公司（CECEP Wind-power Corporation Co., Ltd.）的一项投资数据[①]，在 2018 年，该公司出资 4.516 亿元投资建设一个发电容量为 50 兆瓦的风电场，若以风机寿命为 20 年计算，则单位投资成本为 0.05 元/千瓦时。考虑其维护运营成本，一个 1.5 兆瓦的风机全年的运营成本约为 178 万元，则其单位电量的运维成本约为 0.14 元/千瓦时。因为财务成本在不同电厂差别较大，所以，本章计算时将不予考虑。因此，风力发电的平准化成本约为 0.19 元/千瓦时，但随着风机制造和风电发电技术的不断改进，风力发电的平准化成本必定小于这一数值。与此同时，借鉴奥利维拉等（Oliveira et al., 2013）和叶发明（2002）关于调峰对发电投资费用的影响，本章选取 $b_1 = 0.15$，$c_1 = 1.4 \times 10^{-11}$。在绿电发电商的成本函数中，固定投资 a_1 为常数，在分析过程中不会对其他变量造成影响，因此，本章令 $a_1 = 0$。此

[①] 北极星电力网. http://news.bjx.com.cn/.

外，根据中国电力企业联合会公布的年度全国电力工业统计快报数据[1]，2017 年全国总发电量为 64 179 亿千瓦时，其中，风电发电量为 3 057 亿千瓦时，太阳能发电量为 1 182 亿千瓦时。因此，在上述数据范围内，本章任意选取绿电发电商的投资发电量为 $I = 6 \times 10^{11}$ 千瓦时。按照中国对风电资源划分的四类资源区，政府对风电上网的补贴强度为 0.1 ~ 0.2 元/千瓦时，[2] 本章选取其平均值作为政府绿电补贴标准，即 $v = 0.15$。除此之外，本章假设缺电惩罚成本 $l = 1$。

对于火电，叶发明（2002）以中国几种典型的大型火电机组为例，通过纳入投资折旧费用、燃料成本、运行维护费用和财务成本等不同成本，市场经济下的燃煤火电厂的发电成本进行分析，其结果表明，对发电机组的年利用小时分别取 6 000 时，5 000 时和 4 000 时，火力发电厂的发电成本区间为 0.15 ~ 0.25 元/千瓦时，因此，本章取其均值作为中国火力发电厂的发电成本，设 $c_2 = 0.2$。当前，中国首轮输配电价改革试点已全面完成，根据各省（区、市）公布的电网输配电价数据，[3] 本章假设电力输配成本为 $c_r = 0.1$。对于电力需求市场的参数估计，借鉴奥利维拉等（2013）利用售电商市场份额区分的方法对西班牙竞争性电力市场需求曲线的推导，通过货币等值换算，本章假设 $\alpha = 2.21$，$\beta_1 = 7 \times 10^{-12}$，$\beta_2 = 1.05 \times 10^{-11}$。

一、利润分析

根据上述两种合约模式下的模型推导过程我们可以发现，在不同合约模式下，电力产业链上每个售电商和每个发电商在签订双边合约时，

---

① 中国电力企业联合会 . 2017 年电力统计基本数据一览表 . http：//www. cec. org. cn/.

② https：//www. qianzhan. com/analyst/detail/220/180112 - a4010aeb. html.

③ 北极星输配电网 . http：//shupeidian. bjx. com. cn/news/20180301/882884. shtml.

都存在最优合约电量和最优合约电价，而且，最优合约电量和最优合约电价会实现电力产业链的利润最大化。批发价合约决策时混合电力产业链期望利润与双边合约购电量的变化关系，见图6-2。由图6-2可知，在混合电力市场的双边合约交易过程中，电力产业链的期望利润对于购入绿电电量和火电电量是联合拟凹的，这说明，混合电力产业链利润达到最大化时，售电商对两个发电商的购电量都存在唯一最优解。

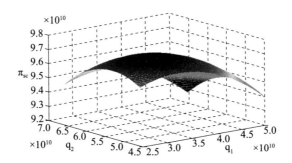

图6-2　批发价合约决策时混合电力产业链期望利润与双边合约购电量的变化关系

资料来源：笔者根据相关数据运用 MATLAB 软件计算绘制而得。

批发价合约决策时产业链利润与合约电价电力产业链的期望利润对于两家不同类型发电商的双边合约批发电价都是联合凹的，证明每家售电商无论从绿电发电商还是火电发电商处购电，都会存在一组最优的合约批发电价，这两组最优合约批发电价可以实现混合电力产业链的利润最大化。批发价合约决策时产业链利润与合约电价，见图6-3。

上述分析分别证明了混合电力市场中，在双边合约交易下，电力产业链期望利润对合约电量和合约批发电价都是凹性的，即证明了在混合电力市场中产业链协调最优解的存在。为了更好地证明收益共享合约可以对产业链的利益协调起作用，并且，更直观地考察协调过程中产业链利润的变化及分析各参数变化的影响，下面，将利用各参数的均衡数值进行比较分析。

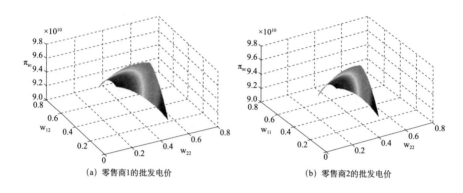

图 6 - 3   批发价合约决策时产业链利润与合约电价

资料来源：笔者根据相关数据运用 MATLAB 软件计算绘制而得。

根据上述模型条件性质 6 - 2，可以求得混合电力市场中各发电商电力批发价格对自身购电量敏感度 θ_i 的取值范围为：$\theta_1 \in （0，1.05 \times 10^{-11}）$，$\theta_2 \in （0，1.32 \times 10^{-11}）$。为了不失一般性，本章选取 $\theta_1 = 5 \times 10^{-12}$，$\theta_2 = 5 \times 10^{-12}$ 的情形对各种决策模式进行对比研究。假设条件 $\theta_i > \delta_i > 0$，此时，我们任意取发电商间的竞争强度为：$\delta_1 = 2 \times 10^{-12}$，$\delta_2 = 2 \times 10^{-12}$。当 $\theta_i = 5 \times 10^{-12}$ 时，由条件性质 6 - 4 和条件性质 6 - 5，可求得绿电发电商获得的收益共享比例 ϕ_{1j} 的取值范围为 $\phi_{1j} \in （0，0.24）$，火电发电商获取的收益共享比例 ϕ_{2j} 的取值范围为 $\phi_{2j} \in （0，0.35）$。收益共享的目的是增加绿电消纳，因此，售电商签订的收益共享决策会先倾向于与绿电发电商达成协议，然后，在不损失火电利益的前提下，给予火电发电商一定共享比例，最终实现电力产业链上下游企业的利益协调。在实际利益共享比例设定时，在两家发电商收益共享比例的共同范围内，本章任意选取 $\phi_{1j} = 0.1$，$\phi_{2j} = 0.1$，此时，混合电力市场中不同决策模式下的电力交易价格，见表 6 - 2。

表 6 - 2   混合电力市场中不同决策模式下的电力交易价格

电力交易价格	批发价合约决策	收益共享合约决策
绿电平均合约价格 w_1	0.43	0.33
火电平均合约价格 w_2	0.38	0.30

续表

电力交易价格	批发价合约决策	收益共享合约决策
电力现货市场价格 p_s	0.45	0.40
终端零售价格 p	1.1	1.03

资料来源：笔者计算整理而得。

在收益共享合约决策下，相较于分散的批发价合约决策，不同交易市场中的电力交易价格和交易电量都会发生变化。由表 6–2 中的两种合约决策下不同交易市场的电力交易价格可知，在收益共享合约决策下，绿电发电商和火电发电商的批发电价均降低，而且，绿电发电商批发电价降低幅度更大。与此同时，在电力现货交易市场和终端消费零售市场，收益共享合约决策下的电力交易价格都不同程度降低，是由电力现货市场和电力需求市场供给电量的增加引起的。不同合约决策模式在不同交易市场的交易电量，见图 6–4。

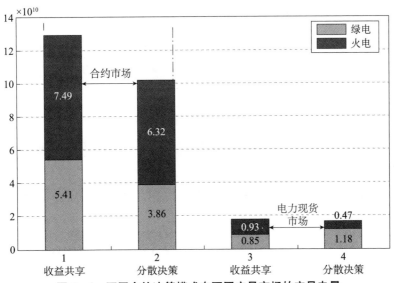

图 6–4　不同合约决策模式在不同交易市场的交易电量

资料来源：笔者根据相关数据运用 MATLAB 软件计算绘制而得。

由图 6–4 可知，在收益共享合约机制下，远期双边合约市场，因各发电商批发价降低，售电商购电量会增加。在批发价合约机制下，售电商在双边合约市场总购电量为 1.018×10^{11} 千瓦时,其中,火电购电量为 6.32×10^{10} 千瓦时,绿电购电量为 3.86×10^{10} 千瓦时;但在收益共享合约机制下,售电商在双边合约市场总的购电量增加到 1.29×10^{11} 千瓦时,其中,火电购电量为 7.49×10^{10} 千瓦时,绿电购电量为 5.41×10^{10} 千瓦时。电力现货市场,在批发价合约机制下,火电发电商和绿电发电商总的购电量为 1.65×10^{10} 千瓦时,其中,火电购电量为 4.7×10^{9} 千瓦时,绿电购电量为 1.18×10^{10} 千瓦时;但在收益共享合约机制下,两家发电商总的售电量增加到 1.78×10^{10} 千瓦时,其中,火电售电量为 9.3×10^{9} 千瓦时,绿电售电量为 8.5×10^{9} 千瓦时。由此可见,首先,收益共享合约可以同时带来双边合约市场和电力现货市场交易电量的增加,并且,相较于电力现货市场,双边合约市场可以消纳更多电力;其次,在收益共享合约机制下,相较于火电,双边合约交易中绿电的消纳量提升幅度更大。最后,通过数值对比发现,在远期双边合约交易市场,火电的批发价格低于绿电,并且,售电商对火电的购电量更高,这说明虽然存在政府对绿电消纳的鼓励机制,但对于售电商而言,"向更低价格的发电商提供更多订购量"的偏好仍然存在,这与王小龙和刘丽文(2008)的研究结论一致。究其原因,一方面,在于火电产品和绿电产品的同质性;另一方面,绿电产出的不确定性将增加售电商的购电风险,从而影响下游售电商的购电偏好。

在不同合约模式下,电力交易价格和电力交易量的变化会给电力产业链上下游各方的利润带来影响。混合电力市场中不同决策模式下电力交易主体的利润,见表6-3。通过表6-3中的不同决策模式下电力产业链及其上下游发电商、售电商的利润数据可知,总体来看,在考虑了供需不确定性的混合电力市场交易中,相较于分散决策的批发价合约机制,收益共享合约机制可以增加电力产业链及其上下游各电力企业的利润。对不同发电商而言,收益共享合约可以给绿电发电商带来更大的利润增加幅度,达到67.77%。

表6-3　混合电力市场中不同决策模式下电力交易主体的利润

变量	批发价合约决策	收益共享合约决策
绿电发电商1的利润 π_1^g	6.02×10^8	1.01×10^9
火电发电商2的利润 π_2^g	1.58×10^{10}	1.88×10^{10}
售电商总利润 π^r	7.94×10^{10}	8.87×10^{10}
电力产业链总利润 π_{sc}	9.58×10^{10}	1.09×10^{11}

资料来源：笔者计算整理而得。

从上述分析可知，在混合电力市场产业链中，与分散决策模式相比，收益共享合作决策下的各参数值都有较明显地改善。在相应的竞争强度下，在不同的交易市场中，电力售电商和发电商的交易电量是增加的，合约批发价格、现货交易价格和电力零售价格都有不同程度降低；电力产业链整体利润、各发电商和售电商的利润都得到提升。而且，收益共享合约可以在促进绿电并网消纳的同时，降低终端电力消费者的用电成本，有利于提升社会福利水平。因此，在混合电力市场中，收益共享契约机制可以实现上下游各方和电力产业链的帕累托改进。

二、参数敏感性分析

根据式（6-16）和式（6-31），可以得到收益共享比例 ϕ 对双边合约批发电价 w_i 的影响，见图6-5。由图6-5可知，首先，无论对于火力发电商还是绿电发电商，随着收益共享比例的提高，发电商的合约交易电价都将逐渐降低。原因在于，收益共享系数的提高将使发电商获得更多收益分成，其期望收益将获得提升，促使其有足够动力为售电商提供更低的批发电价。由图6-4和表6-3可知，此时，并网电价降低，也会刺激售电商购买更多电量，从而使利益提高。由此可知，收益共享合约签订执行可以使电力供需双方实现"双赢"。其次，从图6-5中曲

线的变化可以发现，绿电合约价格变化曲线（上侧曲线）斜率的绝对值
要大于火电（下侧曲线），即在相同的变化区间内，相较于火电批发价
格，绿电批发价格对于收益共享比例的变化更加敏感。并且，当售电商
向发电商提供的收益共享比例大于 0.205 时，绿电的合约批发价格将小于
火电。主要原因在于，火电边际发电成本较高，并且，绿电发电商会获
得政府补贴，而火电发电商却没有这部分收入，因此，绿电发电商的批
发价格对收益共享系数的变化弹性更大。这也验证了在双边合约交易市
场，收益共享合约更有利于促进可再生能源电的发电交易。

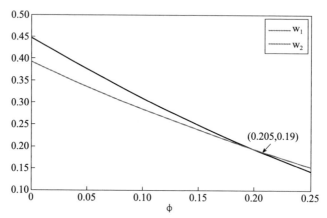

图 6-5　收益共享比例 φ 对双边合约批发电价 w_i 的影响

资料来源：笔者根据相关数据运用 MATLAB 软件计算绘制而得。

收益共享比例 φ 不仅直接作用于双边合约交易市场中交易各方的
交易行为，其大小变化还会通过影响交易量的大小对电力现货市场和
终端电力需求市场的电力交易价格产生影响。收益共享比例 φ 对电力
现货市场电价 p_s 和销售电价 p 的影响，见图 6-6。总体来看，随着
收益共享比例的增加，电力现货市场的价格（下侧曲线）和电力零售
价格（上侧曲线）都逐渐减小，主要原因在于，是由收益共享比例增
加带来的交易电量增加引起的。值得注意的是，由图 6-6 中坐标数
据可知，随着收益共享比例增加，电力零售价格和电力现货市场交易

电价之间的差值逐渐增大，这说明电力现货市场价格对收益共享比例变化更敏感，或者说收益共享比例带来的电力交易数量的变化对电力现货市场造成的影响更大，这与王彩霞等（2018）提出的新能源发电更适合参与短期交易和电力现货市场交易的结论相似。我们还发现，随着收益共享比例的增加，虽然电力市场零售价格在下降，但下降幅度并不是很大，这就说明即使售电商让渡一部分售电收入给上游发电商，仍然可以实现利润增加，这也确保了电力产业链上下游各方之间收益共享合约的达成。

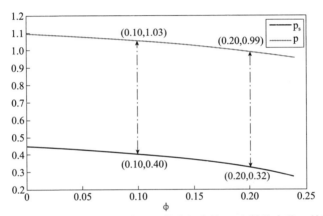

图 6 - 6　收益共享比例 ϕ 对电力现货市场电价 p_s 和销售电价 p 的影响

资料来源：笔者根据相关数据运用 MATLAB 软件计算绘制而得。

在混合电力市场中，因火电和绿电的同质性，上游发电商之间和下游售电商之间都存在竞争，供电市场和售电市场的竞争强度大小都会对收益共享比例的大小产生影响。竞争强度 δ 对收益共享系数 ϕ_i 的影响，见图 6 - 7。图 6 - 7 为上游供电市场中火电发电商（上端曲线）和绿电发电商（下端曲线）在供给侧的竞争强度 δ 对各自获取的收益共享比例 ϕ_i 的影响。可以发现，对于不同的发电商，随着相互之间竞争程度的增加，其获得的收益共享比例下降。原因在于，产品的同质性，随着竞争强度的增加，将直接使电力市场上游绿电发电商和火电发电商的电力批发价格下降。此时，售电商可以从上游获得更低的购电价格，其给予发电商较高收益共享比例的动机将减弱。其次，由图6-7可知，竞争强度增加带动的收益共享系数下降幅度，火电小于绿电。这说明，绿电发电商更倾向于与售电商签订收益共享机制以达到并网消纳的目的，而火电发电商对这一机制的依赖性相对较小。

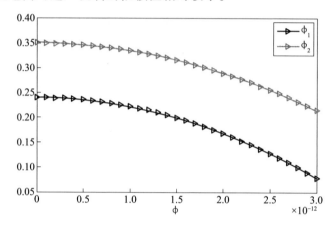

图6-7 竞争强度δ对收益共享系数 ϕ_i 的影响

资料来源：笔者根据相关数据运用 MATLAB 软件计算绘制而得。

市场敏感度 β 对收益共享系数 ϕ_i 的影响，见图6-8。图6-8中阴影区域为不同市场敏感度下可取的收益共享比例范围，由图中数据可以证明本章模拟数据选取的合理性。在电力终端零售市场，需求价格弹性 β 的大小影响电力零售价格，一般来讲，售电商面临的市场需求价格弹性 β 越大，说明售电商售电量的变化对电力市场的影响越大，即说明下游售电市场的竞争环境越激烈。由图6-8可知，电力产业链下游售电商的市场敏感度 β 越高，售电商给发电商提供的收益共享比例越大，主要原因在于，随着下游售电市场竞争的增强，售电商有动力为发电商提供更多的收益分成以获取充足购电量。

除了电力市场竞争因素外，在绿电发电并网问题上，政府为了鼓励绿电利用，仍会出台相关激励措施，对绿电发电商进行发电补贴。政府按照绿电并网量进行的绿电补贴，将作为一部分直接收入计入绿电发电商的利润函数中。根据绿电发电商期望利润式（6-19），在其他参数不变的情况下，控制绿电发电商的利润水平，我们可以得到政府补贴 v 与绿电发电商收益共享比例 ϕ_1 的变化关系，见图6-9。由图6-9可知，随着政府补贴增加，绿电发电商从售电商处得到的收益共享比例下降。在本章假设的绿电发电商利润水平下，若政府补贴达到0.3元/千瓦时，绿电发电商从售电商处获得的收益共享比例几乎为零，意味着此时电力产业链中绿电的收益共享契约机制无法达成。不难理解，当政府对绿电补贴比例增加时，绿电发电商的收入会增加，在此情形下，绿电发电商在与售电商进行合约谈判时，对于售电商提供的相同收益共享比例，绿电批发价格的降幅将会缩小，这将降低售电商的购电积极性并给出更低的收益共享比例，甚至选择与其他发电商进行交易以获得更低的批发电价。因此，为了绿电产业链收益共享合约的达成，促进绿电的并网消纳，在竞争的混合电力市场中，政府的家电补贴政策应该具有策略性，让绿电发电商更好地适应电力市场的竞争环境，逐步减少政府绿电补贴，最终实现绿电平价上网。

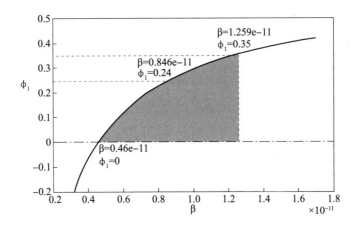

图6-8 市场敏感度 β 对收益共享系数 ϕ_1 的影响

资料来源：笔者根据相关数据运用 MATLAB 软件计算绘制而得。

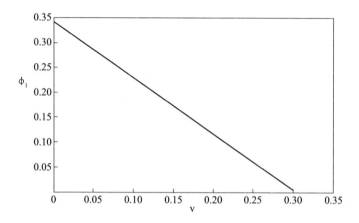

图 6 - 9　政府补贴 v 与绿电收益共享比例 ϕ_1 的变化关系

资料来源：笔者根据相关数据运用 MATLAB 软件计算绘制而得。

第五节　本 章 小 结

本章研究了新一轮电力市场化改革后混合电力市场中可再生能源的发电并网定价问题，构建了多对多的电力产业链系统模型，通过比较批发价合约决策模式和收益共享合约决策模式下的决策结果，我们发现，收益共享合约可以实现电力产业链和上下游各电力企业利益的帕累托改进，减少因"双重边际性"带来的利润损失。通过数值模拟分析，我们验证并计算了各种决策模式下满足产业链协调条件的各参数均衡解的存在性，对不同决策模式下各参数均衡解进行了比较分析，并探究了参数间的影响变化关系。

本章的主要结论：（1）相较于分散决策下批发价合约模式，收益共享合约机制可以同时提高电力远期双边交易市场和电力现货市场的电力交易量，并使远期合约交易电价、电力现货交易电价和电力零售价格都实现不同程度的降低，实现混合电力产业链上各方"多赢"和电力市场社会福利的提高。（2）在收益共享合约机制下，相较于火电，双边合约交易中绿电的消纳量提升幅度更大，绿电批发价格对收益共享比例的变化更加敏感，说明了收益共享合约机制在竞争性电力市场中对绿电消纳刺激的有效性。（3）上游供电市场和下游电力需求市场的竞争环境，都会对收益共享合约比例的大小产生影响。随着电力产业链上游发电商之间竞争强度的增加，火电发电商和绿电发电商获得的收益共享比例都在下降，并且，竞争强度增加带动收益共享系数下降幅度，火电小于绿电。在下游电力终端消费市场，随着市场需求价格弹性的增加，电力零售市场的竞争更激烈，为了获取更多购电量，售电商向发电商提供的收益共享比例更大。因此，在竞争性的混合电力市场中，电力供给市场和电力需求市场竞争强度提升，可以在一定程度上减轻电力产业链的利益协调压力，促进收益共享合约的达成。（4）随着政府对绿电发电商绿电补贴的增加，下游售电商向绿电发电商提供的收益共享比例下降，甚至补贴额达到一定数值后，会导致收益共享合约无法达成。因此，在竞争性的电力市场环境下，政府的绿电补贴实施应该具有针对性，更注重培育电力市场的长期竞争环境，建立基于市场机制的成本价格显示，使促进可再生能源并网的收益共享合约的设计进一步得到简化。

第七章　研究结论与政策建议

可再生能源发电利用，已成为解决全球环境污染和能源供需矛盾的有效途径之一。随着可再生能源发电装机规模和绿电市场渗透率的不断提高，可再生能源发电并网定价机制对其可持续并网消纳将变得愈加重要。在绿电发展初期，政府的强制并网和固定电价政策将使绿电免受市场供需波动带来的风险，但是，较高的并网价格和调峰成本造成了"弃风""弃光"现象的持续存在。电力市场化改革是电力工业发展的一个必然阶段，电力资源配置最终将由市场决定。因此，随着中国电力行业市场化改革的不断深入，可再生能源电直接参与市场竞争将成为必然选择。

在新一轮电力市场化改革背景下，电力市场结构和电力市场行为都会发生变化，形成混合电力市场。考虑到绿电发电产出的随机性和电力市场需求的波动性，在混合电力市场中，绿电的并网定价将变得更加复杂。与常规电力相比，可再生能源发电显著具有高装机成本（即沉没成本）和低运营成本的特征。低运营成本优势和政府补贴的支持，确保可再生能源电较大的获利能力和利润空间，增强了其与常规能源电力竞争的能力。为了避免绿电被放弃的厄运，家电发电商更愿意使这部分要被弃掉的绿电进入电力竞争市场，通过向下游环节售电商让渡部分利润以换取绿电更多并网的机会。因此，可再生能源并网消纳的关键在于，电力产业链上下游各方的利益能否得到协调。基于此，本书立足于中国新一轮电力市场化改革背景下形成的混合电力市场，以提高绿电并网消纳为目标，从可再生能源电力纵向产业链各环节利益协调分析入手，综合考虑电力市场供需的不确定性及政府的规制调节，利用收益共享合约机制分析了不同电力市场结构下可再生能源发电并网定价决策。并通过理论模型构建和数值模拟分析得到了一些主要结论，提出对策建议以期为政府解决可再生能源发展问题提供理论指导和理论借鉴。最后，对可再生能源电力并网定价的研究方向提出了研究展望。

第一节　研　究　结　论

本书的研究结论有以下四点。

第一，新一轮电力市场化改革后形成的混合电力市场表现出新的市场结构特征。

在混合电力市场中，为了获得并网机会，可再生能源电力实际执行的并网价格并不完全执行政府定价。考虑到可再生能源电极低的发电边际成本，加上政府补贴的支持，确保了绿电运营商较大的获利能力和利润空间，也增强了其与常规能源电力竞争的能力。新一轮电力市场化改革后，在混合电力市场中，可再生能源电力价格实际上是在政府的限定价格内，电力产业链上下游各参与方利益权衡之后形成的基于各自利润最大化的契约价格。

第二，考虑到可再生能源电力市场的供需不确定性，基于电力纵向产业链利益协调的价格契约可以为解决可再生能源电的并网定价提供一个有效途径。

通过研究单一绿电发电商、发电侧混合和供需同时混合等不同的电力市场结构下可再生能源电的并网定价决策问题，我们发现，对于所有类型的电力产业链系统，相较于分散决策模式下的电力批发价合约，收益共享合约定价机制都可以促进可再生能源的发电投资和并网量的增加。与此同时，还可以实现电力产业链和上下游各电力企业利益的帕累托改进，减少因"双重边际性"带来的利润损失。特别地，在收益共享合约机制下，相较于常规电力，双边合约交易中可再生能源电消纳量的提升幅度更高。这也表明，收益共享合约机制对可再生能源电并网消纳刺激的有效性更强，更有利于促进绿电的发电利用。

第三，在放开规制的竞争性电力市场中，供需两侧的市场竞争强度都对双边合约的达成有重要影响。

在收益共享合约定价机制中，上游供电市场和下游电力需求市场竞争强度的大小，直接影响收益共享合约比例的大小。具体地，在发电侧混合和供需混合的电力市场结构中，随着电力产业链上游发电商之间竞争强度的增加，火电发电商和绿电发电商获得的收益共享比例均下降。并且，竞争强度增加带动的收益共享系数的下降幅度，火电小于绿电。这说明，可再生能源电对收益共享机制反应更加敏感。在下游电力终端消费市场，随着市场需求价格弹性的增加，电力零售市场的竞争变得更激烈。此时，为了获取更多购电量，售电商向发电商提供的收益共享比例越大。同时，虽然电力需求价格弹性的增加会导致产业链期望利润减少，但是，电力销售价格也会降低。这就增加了消费者剩余，提高了社会福利水平。因此，在竞争性混合电力市场中，电力供给市场和电力需求市场竞争强度提升，可以在一定程度上减轻电力产业链的利益协调压力，促进收益共享合约的达成。

第四，考虑到政府参与的电力市场，政府在可再生能源发电并网定价过程中仍发挥着重要作用。

在下游售电市场只有一家电网公司垄断的电力市场结构中，为了激励电网公司接受可再生能源发电并网，政府制定的销售限定价格不应太低。此外，政府补贴对上下游电力企业间的收益共享合约的达成产生重要影响。随着政府对绿电发电商电量补贴的增加，下游售电商向绿电发电商提供的收益共享比例下降。当政府补贴达到一定数值后，电力产业链上下游双方的收益共享合约将无法达成。

第二节　政 策 建 议

随着可再生能源电装机规模和市场渗透率的不断提高，绿电直接参与市场竞争成为必然。在新一轮电力市场化改革后形成的混合电力市场中，可再生能源发电商要面对常规电力发电商的竞争和市场价格波动带来的风险，其发电并网定价更加复杂。研究结果表明，在市场机制下，基于产业链纵向利益协调的收益共享契约可以促进可再生能源的发电并网。因此，本书以提高绿电的并网消纳为目标，对新一轮电力市场化改革背景下可再生能源电并网定价提出以下四点政策建议。

第一，深化电力市场化改革，注重竞争性电力市场环境的培育，从电力产业链纵向利益协调入手解决绿电并网问题。

与常规能源电力相比，可再生能源发电产出具有不稳定性。并且，在现有技术水平下，电力不能被大规模存储。因此，可再生能源电并网定价应先立足于电力产业链上下游各方的利益协调，兼顾各方利益最大化的目标。否则，根据"短板理论"，将制约可再生能源的发电并网。通过对不同市场结构下可再生能源发电并网定价决策的分析结果可知，竞争性的市场环境可以减轻电力产业链纵向利益协调压力，促进双边契约的达成。在此过程中，政府应当在电力产业链供给侧和需求侧同时放松规制，让市场机制发挥作用。通过引入竞争，建立基于市场机制的成本价格显示。与此同时，在市场机制下，各交易主体的交易约束均为利润最大化。在不同市场结构下，电力企业的价格决策行为不同。此时，改革后更高效的政府规制应确保市场运行的有效性。当企业决策远离社会目标时，政府应当利用其规制手段纠偏。

第二，构建竞争性的电力市场，厘清电力产业链各环节价格形成机制是关键。

新一轮电力市场化改革后，可再生能源电进入市场参与竞争成为必然。结果已证明，长期来看，市场竞争强度加大有利于双边契约达成，有利于绿电并网消纳。在发电侧，随着绿电的规模化发展，政府应逐步取消绿电并网固定价格政策，鼓励发电商间的竞争，真正形成绿电竞价上网的市场环境。在电力市场需求端，为了提升市场的竞争强度，应继续鼓励更多售电主体进入，并加快建设跨省（区、市）的电力交易平台。售电主体的增加及多元化，有利于电力市场开放，发挥电力资源配置中市场的决定性作用，也可以减小绿电交易双边契约达成的压力。随着电力市场化的深入，买方垄断的电力市场模式必然发展为售电侧竞争的市场模式，其中，电力市场中的输配电价是关键所在。《中共中央、国务院关于进一步深化电力体制改革的若干意见》中明确指出，政府要"单独核定输配电价"。① 当前，在电力输配环节尚未开放，电网成本存在信息不对称的情况下，这是一个比较可行的解决途径。因此，政府更应制定科学的输配电价核算方法，努力形成合理的电价形成机制，实现电力资源的有效市场配置，促进绿电的可持续发展。

第三，政府的绿电补贴政策实施及补贴标准制定应具有策略性。

放松规制，并不是放弃规制，而是更高效的规制。目前来看，在可再生能源电力市场，政府的规制调节仍发挥重要作用。为了刺激绿电发电投资和发电并网，政府会对绿电交易企业进行补贴。在双边契约交易中，政府绿电补贴会影响绿电电力交易双边收益共享比例大小。随着政府对可再生能源发电商电量补贴的增加，下游售电商向绿电发电商提供的收益共享比例下降，当补贴额达到一定数值后还会导致收益共享合约

---

① 中共中央　国务院关于进一步深化电力体制改革的若干意见 . http：//tgs. ndrc. gov. cn/zywj/201601/t20160129_ 773852. html.

无法达成。因此，在电力市场交易中，政府对绿电发电商的发电并网补贴应该具有策略性，不宜过高。

第四，加强电力市场的监管，完善交易规则，营造良好的市场交易环境。

对电力市场加强监管主要是为了营造良好的电力市场竞争环境，有效开展电力市场交易，无歧视地发电并网。首先，中国的电力市场格局还是电网垄断，在市场交易中电网具有发电商和用户无法比拟的市场势力。为了构建公平交易的电力市场环境，政府应该完善电力监管组织体系，对电力生产、电力输配、电力零售等各个环节实施跟踪，明确各环节电力参与主体的权利和义务，有效避免、管控和化解产业链上各交易主体间的利益分歧。特别是，为了充分发挥市场在资源配置中的作用，政府应确保电网输配电价的透明性。其次，新一轮电力市场化改革后，电力交易主体多样化，电力供给侧有绿电发电商和火电发电商，需求侧有多元化的售电商和电力用户。当前，还要面临电网的市场垄断。政府放松规制后，在电力市场交易中，完善交易规则可以保障市场交易中不同交易主体的利益诉求，避免市场操控，成为确保电力市场机制有效运行的保证。竞争性的电力市场有利于可再生能源的发电并网消纳，但在市场交易机制下，双边合约执行过程中违约的风险也会增加。为了保证电力市场供应和电价的稳定性，政府建立完善的市场交易准则成为必然要求。同时，完善电力市场交易规则，可以保证市场交易的公平性，有利于可再生能源电的无歧视发电并网。新一轮电力市场化改革后的混合电力市场，应主要建立以双边合约为基础的远期交易，发展电力现货市场交易为补充。在此过程中，政府的交易规则制定应该具有不同交易模式的针对性。

第三节　研究展望

随着全球范围内可再生能源电装机规模和市场渗透率的不断提高，

可再生能源电的相关研究成为热点议题。本书在可再生能源电力市场供需不确定的前提条件下，研究了不同的市场结构下绿电并网定价决策问题。以此为基础，未来的研究还可以沿以下三个方向进一步展开。

第一，不完全信息条件下的可再生能源电力并网定价决策研究。

为了分析双边契约机制在绿电并网中的有效性，本书将电网接收绿电并网的边际成本看作外生变量进行处理。实际上，现实中的智能电网技术还没有完全成熟。因此，具有垄断特性的售电商（主要是电网公司）和新建立的发电商都具有隐藏成本信息的动机，缺乏足够的动力以损失其成本信息租金为代价换取收益共享合约的达成。因此，对不完全信息条件下的强势售电商和发电商之间的利益协调问题还需要进行进一步分析，从而为促进绿电的并网消纳提出更全面、更合理的解决路径。

第二，可再生能源电力供需不确定性随机分布函数的扩展。

在设计收益共享合约过程中，电力产业链中各交易主体的期望利润函数形式受到产出随机因子分布函数、需求随机扰动因子的分布函数及需求函数设定的影响。为了分析简便，本书选择在产出随机和需求随机都服从均匀分布情形下研究收益共享契约协调，以解决可再生能源电力并网问题。但在发电过程中，风力发电受到风速的影响，光伏发电则会受到阳光强度的影响。它们的发电随机性特征是多样化的，需要根据一定时期内特定区域的自然环境进行测定模拟。因此，在可再生能源发电并网定价期望利润函数中，关于产出随机和需求随机服从其他如正态分布、指数分布等得出的期望利润函数是否存在最优解，设计的收益共享合约能否协调电网公司和发电商之间的利益，仍需要深入研究。

第三，引入其他价格合约形式的可再生能源电并网定价研究。

本书是通过研究混合电力市场中，批发价合约和收益共享合约决策模式的比较，探究可再生能源电力的并网定价问题。但在实际中，电力交易市场还包含其他合约形式，如两部收费合约（two-part tariffs contract）和差别定价合约（contracts for differences）等。因此，在后续研究中，可以将更多的合约模式进行对比分析，获取电力市场最佳的合约决策模式，从而提出更合理解决竞争性电力市场中可再生能源并网消纳的途径。

参 考 文 献

［1］白让让. 制度偏好差异与电力产业规制放松的困境："厂网分开"引发的深层思考［J］. 中国工业经济，2006（3）：29－37.

［2］保罗·萨缪尔森，威廉·诺德豪斯. 经济学［M］. 16 版，北京：华夏出版社，1999.

［3］包铭磊，丁一，邵常政，等. 北欧电力市场评述及对我国的经验借鉴［J］. 中国电机工程学报，2017，37（17）：4881－4892.

［4］曹宇佳. 水火混合电力系统的日有功优化调度［J］. 中国科技信息，2012（10）：34.

［5］陈长彬，杨忠. 供应链协调机制理论综述［J］. 生产力研究，2009（4）：173－176.

［6］陈达，鲜文军，吴涛，等. 混合电力市场下碳排放流的分配［J］. 电网技术，2016，40（6）：1683－1688.

［7］陈琳，王国青，唐铁英. 基于合作博弈成本分摊理论的电力系统备用容量分配的研究［J］. 浙江电力，2011（1）：4－7.

［8］陈向婷. 基于模糊理论的电力市场双边交易中购电商的竞价策略研究［D］. 北京：北京交通大学，2011.

［9］储兆净，张晓悦，王涛. 碳中和背景下可再生能源发电产业研究［J］. 能源与节能，2023（5）：16－19.

［10］戴宇，杨洪明，赖绍元．考虑收益共享契约的电力供应链协调分析［J］．电网与清洁能源，2010，26（4）：44－48．

［11］董超，黄筱翚．美国 PJM 电力市场及对广东电力改革的启示［J］．云南电力技术，2017，45（1）：16－20．

［12］段文奇，柯玲芬．利用临界用户规模提升平台利润的定价策略［J］．管理科学学报，2019，22（12）：40－55．

［13］范江楠．混合电力市场供应链均衡策略的算法研究［D］．北京：北京理工大学，2015．

［14］方德斌，王先甲．电力市场下发电公司和大用户间电力交易的双方叫价拍卖模型［J］．电网技术，2005，29（6）：32－36．

［15］方德斌，王先甲，吴敬芳．考虑碳排放的发电侧多属性采购第二价格拍卖［J］．系统工程理论与实践，2013，33（8）：1984－1992．

［16］冯永晟．理解中国电力体制改革：市场化与制度背景［J］．财经智库，2016，1（5）：22－50．

［17］冯永晟．安全价值、分时定价与容量投资—双碳目标下的电力市场理论与政策［J］．经济研究，2022，57（12）：51－68．

［18］伏开宝．电力体制改革中市场价格波动管理研究［D］．上海：上海社会科学院，2018．

［19］高小龙，张云，刘雪燕．基于多目标规划的电力实时定价策略研究［J］．价格理论与实践，2018（9）：66－69．

［20］顾波军，张祥．风险中性供应商与损失规避零售商基于收益共享契约的供应链协调［J］．系统管理学报，2016，25（1）：67－74．

［21］郭磊．实时电力市场中动态阻塞管理研究［D］．天津：天津大学，2005．

［22］韩小琪，孙寿广，戚庆茹．从系统调峰角度评估电网接纳风电能力［J］．中国电力，2010（43）：16－19．

［23］黄凤莲．不同交易模式下考虑火力发电企业减排努力的电力供应链决策及协调研究［D］．镇江：江苏大学，2021．

［24］黄珺仪．中国可再生能源电价规制政策研究［D］．大连：东北财经大学，2011．

［25］黄少中．大用户直购电：重点，亮点，难点［N］．中国电力报，2009－08－17（4）．

［26］黄守军，任玉珑，孙睿，等．双寡头市场垂直合作减排的随机微分对策模型［J］．中国管理科学，2014，22（2）：101－112．

［27］鞠彦忠，刘磊．基于合作博弈的启动费用分摊［J］．科技创新与应用，2013（23）：38－39．

［28］阙光辉．电力市场交易模式：理论分析与中国的选择［J］．产业经济评论，2003（1）：91－108．

［29］孔令丞．循环经济推进模式与效果评价［M］．上海：复旦大学出版社，2012．

［30］孔令丞，骆唐杰．基于合同理论的逆向供应链定价策略研究［J］．管理学报，2012，9（1）：594－602．

［31］孔令丞，谢吉青，朱振宁，等．虚拟电厂情景下电力市场交易平台定价策略研究［J/OL］．中国管理科学：1－12．［2023－07－21］．https：//doi. org/10. 16381/j. cnki. issn1003－207x. 2022. 1188．

［32］况夫良．电力市场环境下峰谷分时售电定价方法研究［D］．上海：上海电力大学，2022．

［33］冷媛，陈政，欧鹏，等．英国最新电力市场改革法案解读及对中国的启示［J］．中国能源，2014，36（4）：12－15．

［34］李昂，高瑞泽．论电网公司市场势力的削弱：基于大用户直购电政策视角［J］．中国工业经济，2014（6）：147－159．

［35］李晨晨．考虑新能源波动特性的电力市场定价方法研究［D］．

重庆：重庆大学，2021.

［36］李果仁，李菡．英、美、日电力改革之借鉴［J］．中外能源，2009，14（11）：21 – 26.

［37］李鹏，文淼，董存，等．基于模糊 DEMATEL – 超效率 DEA 的可再生能源发电技术综合效益评估方法［J/OL］．电网技术，1 – 12.［2023 – 07 – 26］. https：//doi. org/10. 13335/j. 1000 – 3673. pst. 2023. 0807.

［38］李庆，陈敏．中国风电固定上网电价政策的实物期权理论与实证分析［J］．中国管理科学，2016，24（5）：65 – 73.

［39］李晓彤，史慧，欧阳邵杰，等．基于博弈论的跨区域电力交易多主体均衡模型研究［J］．水电能源科学，2014，32（9）：203 – 206.

［40］李晓宇，吴果莲，苑秀娥，等．可再生能源发电侧储能项目经济评价研究［J/OL］．电力科学与工程，1 – 12.［2023 – 07 – 26］. http：//kns. cnki. net/kcms/detail/13. 1328. TK. 20230714. 1249. 006. html.

［41］李星光，武春友．可再生能源发展促进政策的经济学分析［J］．科技管理研究，2008（3）：49 – 52.

［42］林伯强，李江龙．基于随机动态递归的中国可再生能源政策量化评价［J］．经济研究，2014（4）：89 – 103.

［43］凌六一，郭晓龙，胡中菊，等．基于随机产出与随机需求的农产品供应链风险共担合同［J］．中国管理科学，2013，21（2）：50 – 57.

［44］刘建平．中国电力产业政策与产业发展［M］．北京：中国电力出版社，2006.

［45］刘雅芳．电力市场：双边交易与竞价交易［J］．中国电力企业管理，2006（9）：15 – 17.

［46］罗承军，李安军，王曦，等．电力市场下风电—抽水蓄能混合系统的运行优化［J］．四川电力技术，2012，35（5）：28 – 32.

［47］罗旭，马珂．美国得克萨斯州电力可靠性委员会在风电调度运

行管理方面的经验和启示［J］. 电网技术，2011，35（10）：140－146.

［48］吕翔，刘恋，蒋传文. 电力市场环境下风—水电联合优化运行策略研究［J］. 水电能源科学，2014，32（10）：199－204.

［49］马士华，李果. 供应商产出随机下基于风险共享的供应链协同模型［J］. 计算机集成制造系统，2010，16（3）：563－572.

［50］梅洁. 国有企业混合所有制改革的理论逻辑之辩——兼评张维迎（1995）与林毅夫等（1997）主要观点［J］. 现代经济探讨，2016，409（1）：36－39.

［51］潘艳霞，王育飞，王辉. 电网绿色电力认购交易定价机制研究［J］. 中国电力，2014，47（8）：67－71.

［52］庞庆华，张月，胡玉露，等. 突发事件下需求依赖价格的三级供应链收益共享契约［J］. 系统管理学报，2015，24（6）：887－896.

［53］邱甲贤，林漳希，童牧. 第三方电子交易平台运营初期的定价策略——基于在线个人借贷市场的实证研究［J］. 中国管理科学，2014，22（9）：57－65.

［54］屈少青，张森林，陈皓勇，等. 不确定需求下基于电力供应链协调的发电商回购策略［J］. 电力系统自动化，2011，35（16）：71－75.

［55］桑圣举，张强. 模糊需求下 n 级供应链的收益共享契约机制研究［J］. 中国管理科学，2013，21（3）：127－136.

［56］桑圣举，张强，武建章. 模糊连续需求下供应链收益共享契约机制研究［J］. 运筹与管理，2009，18（6）：26－32.

［57］桑圣举，张强，武建章. 模糊需求下的供应链收益共享契约模型［J］. 模糊系统与数学，2010，24（1）：145－152.

［58］尚金成，程满，周颉英，等. 电力实时平衡调度交易市场运作机制及模型的研究［J］. 电力系统自动化，2006（17）：28－35.

［59］帅勇，彭建春，龚演平. 联营与双边混合交易模式下结算盈余

的分摊方法［J］．电力系统及其自动化学报，2010，22（1）：37－42.

［60］谭忠富，李莉，王建军，等．多智能体代理下电力双边谈判中的模糊贝叶斯学习模型［J］．中国电机工程学报，2009，29（7）：106－113.

［61］田立新，许培琳，傅敏．基于实物期权的中国风电发展政策评估［J］．管理学报，2013，10（2）：266－273.

［62］王彩霞，李梓仟，李琼慧，等．丹麦新能源参与电力市场机制及对中国的启示［J］．中国电力，2018，51（9）：143－150.

［63］汪朝忠．双边交易模式下的电力定价研究［D］．成都：西南交通大学，2016.

［64］王德华，刘戒骄．美国电力改革及对中国的启示［J］．经济与管理研究，2017，38（11）：58－68.

［65］王建学，张成刚，王秀丽，等．电力市场混合竞价模式及其出清算法［J］．电力系统自动化，2011，35（7）：28－33.

［66］王俊芝．探析基于协调约束的混合电力市场阻塞调度［J］．河南科技，2013（11）：41.

［67］王珂珂．计及新能源的电力现货市场交易优化研究［D］．北京：华北电力大学（北京），2021.

［68］王宁宁，王晓欢，樊治平．模糊需求下考虑公平关切的收益共享契约与协调［J］．中国管理科学，2015，23（8）：139－147.

［69］王先甲，周亚平，钱桂生．生产商规模不经济的双渠道供应链协调策略选择［J］．管理科学学报，2017，20（1）：18－23.

［70］王小龙，刘丽文．下游零售商强势背景下的多对一供应链协调模型［J］．中国管理科学，2008，16（5）：96－109.

［71］王永福，张伯明，孙宏斌．实时电力市场运营模式［J］．电力系统自动化，2002（11）：1－4，18.

［72］王志宏，傅长涛．用户不同归属行为下货运共享平台的定价策

略研究 [J]. 管理学报，2019，16（7）：1081 – 1087.

[73] 魏玉莲，胡鑫. 考虑零售商公平关切的生鲜农产品双渠道供应链协调研究 [J]. 现代商业，2023（11）：43 – 46.

[74] 伍飞. 联营及双边交易混合模式下的输电网损分摊研究 [D]. 长沙：湖南大学，2012.

[75] 吴文建，任玉珑，史乐峰. 强制上网政策下的可再生能源电力供应链收益分配 [J]. 工业工程，2013，16（3）：14 – 20.

[76] 夏云峰. 2016 年中国风电开发主要数据汇总 [J]. 风能，2017（4）：34 – 36.

[77] 肖健，文福拴. 基于协调约束的混合电力市场阻塞调度 [J]. 华南理工大学学报（自然科学版），2009，37（7）：112 – 118.

[78] 肖健，杨爱民，文福拴. 联营体与双边合同混合市场的阻塞协调调度 [J]. 电工技术学报，2010，25（5）：176 – 182.

[79] 谢家平，李仲，葛夫财. 基于产业链的风电并网政策的国际比较与经验借鉴 [J]. 福建论坛（人文社会科学版），2014（10）：5 – 12.

[80] 叶发明. 市场经济下的燃煤火电厂的发电成本分析 [J]. 广东电力，2002，15（5）：68 – 72.

[81] 叶光亮，陈逸豪，徐化愚. 混合经济与最优跨国技术授权——基于运输成本创新的空间价格歧视模型 [J]. 经济学（季刊），2020，19（2）：545 – 566.

[82] 叶秀. 浅谈中国电力市场化改革 [D]. 上海：复旦大学，2010.

[83] 尹海涛. 美国电力市场改革的启示 [J]. 南风窗，2013（23）：42 – 44.

[84] 于立宏，郁义鸿. 需求波动下的煤电纵向关系安排与政府规制 [J]. 管理世界，2006（4）：73 – 86.

［85］郁义鸿，管锡展．产业链纵向控制与经济规制［M］．上海：复旦大学出版社，2006．

［86］郁义鸿，张华祥．电力改革对产业链运营绩效的影响分析［J］．财经问题研究，2014（8）：26－32．

［87］臧海祥，马铭欣，周亦洲，等．电力市场环境下风电—光热—生物质混合电站鲁棒优化调度模型［J］．电力系统保护与控制，2022，50（5）：1－11．

［88］曾鸣，贾卓．考虑可再生能源的电力双边合约交易动态规划方法［J］．电力系统自动化，2011，35（4）：29－34．

［89］曾鸣，李晨，刘超，等．考虑电价补贴政策的风电投资决策模型与分析［J］．电力系统保护与控制，2012，40（23）：17－23．

［90］曾鸣，刘超，段金辉，等．美国与北欧电力双边交易市场模式的经验借鉴［J］．华东电力，2013，41（1）：5－10．

［91］曾鸣，周健，于滢，等．国外电力改革对我国电力零售市场建设的启示［J］．改革与战略，2009，25（4）：179－182．

［92］曾志敏，宋雅琴．中国风电产业大发展的新制度经济学分析［J］．中国人口资源与环境，2012（S1）：240－243．

［93］詹祥澎，杨军，王昕妍，等．考虑实时市场联动的电力零售商鲁棒定价策略［J］．电网技术，2022，46（6）：2141－2153．

［94］张华祥．中国电力行业价格形成机制与改革模式研究［D］．上海：复旦大学，2014．

［95］张粒子．我国输配电价改革中的机制建设和方法探索［J］．价格理论与实践，2016，380（2）：29－32．

［96］张鹏昊，高霄航．电力市场环境下基于激励相容与收益保障的输配电网定价机制研究［J］．电气技术与经济，2022（6）：183－184．

［97］张森林．电力市场双边交易若干问题研究［D］．广州：华南理

工大学，2011.

[98] 张森林，张尧，陈皓勇，等. 大用户参与电力市场双边交易的一种新模式 [J]. 华东电力，2010，38 (1)：6-10.

[99] 张涛，王琪，司春旺，等. 电力市场下实时阻塞管理研究 [J]. 继电器，2008 (8)：50-54.

[100] 张文杰，骆建文. 随机产出随机需求下的供应链期权契约模型 [J]. 管理工程学报，2016，30 (3)：121-128.

[101] 张显，王锡凡，陈皓勇，等. 电力市场中的双边合同 [J]. 电力自动化设备，2003，23 (11)：77-86.

[102] 张永平，童小娇，倪以信，等. 实时电力市场阻塞管理算法研究 [J]. 电网技术，2004 (15)：6-10.

[103] 赵霞，吴方卫. 随机产出与需求下农产品供应链协调的收益共享合同研究 [J]. 中国管理科学，2009，17 (5)：88-95.

[104] 赵霞，吴方卫，蔡荣. 随机产出与需求下二级供应链协调合同研究 [J]. 管理科学学报，2014，17 (8)：34-47.

[105] 郑涛，李梦莹，侯玉梅. 基于弹性理论的居家养老服务平台差异化定价策略 [J]. 产经评论，2019，10 (3)：5-15.

[106] 周劼英. 电力市场环境下实时优化调度的研究 [D]. 北京：清华大学，2005.

[107] 周鑫，马晓伟，牛拴保，等. 西北省间实时平衡电力市场探索 [J]. 电力系统自动化，2021，45 (15)：166-171.

[108] 朱继忠. 美国电力市场的发展和实现方法分析 [J]. 南方电网技术，2016，10 (5)：22-28.

[109] 邹小燕. 电力市场中双边合同的谈判博弈及电量分配 [J]. 电力需求侧管理，2007，9 (4)：34-36.

[110] 邹小燕，王正波. 电力市场中关于直购电力价格的讨价还价博

弈模型［J］. 管理工程学报, 2005, 19 (4): 96 –99.

［111］Acemoglu D. , Kakhbod A. , Ozdaglar A. Competition in electricity markets with renewable energy sources ［J］. Energy Journal, 2017, 38 (1): 137 –155.

［112］Adom P. K. , Insaidoo M. , Minlah M. K. , Abdalla A. M. Does renewable energy concentration increase the variance/uncertainty in electricity prices in Africa? ［J］. Renewable Energy, 2017 (107): 81 –100.

［113］Agnolucci P. The effect of financial constraints, technological progress and longterm contracts on tradable green certificates ［J］. Energy Policy, 2007, 35: 3347 –3359.

［114］Ahmed K. S. , Karthikeyan S. P. Penalised quoted cost based approach on transmission loss allocation for a bilateral contract in deregulated electricity market ［J］. IET Generation, Transmission and Distribution, 2016, 10 (16): 4078 –4084.

［115］Alvarado F. The stability of power system markets ［J］. IEEE Transactions on Power Systems, 1999, 14 (2): 505 –511.

［116］Ambec S. , Crampes C. Electricity provision with intermittent sources of energy ［J］. Resource and Energy Economics, 2012, 34 (3): 319 –336.

［117］Ancona J. J. A bid solicitation and selection method for developing acompetitive spot priced electric market ［J］. IEEE Transactions on Power Systems, 1997, 12 (2): 743 –748.

［118］Arani H. V. , Rabbani M. , Rafiei H. A revenue-sharing option contract toward coordination of supply chains ［J］. International Journal of Production Economics, 2016, 178: 42 –56.

［119］Arias D. J. R. , Cardona F. D. B. , Harold S. I. Contract price of a bilateral contract using risk assessment: With application to Colombian whole-sale electricity market [A] //Proceedings of 2010 IEEE Conference of the Andean Council. Bogota, USA, 2010: 1 – 5.

[120] Arikan E. , Fichtinger J. The risk-averse newsvendor problem under spectral risk measures: A classification with extensions [J]. European Journal of Operational Research, 2017, 256 (1): 116 – 125.

[121] Ayón X. , Gruber J. K. , Hayes B. P. , et al. An optimal day-ahead load scheduling approach based on the flexibility of aggregate demands [J]. Applied Energy, 2017, 198: 1 – 11.

[122] Bell W. P. , Wild P. , Foster J. , et al. Revitalising the wind power induced merit order effect to reduce wholesale and retail electricity prices in Australia [J]. Energy Economics, 2017 (67): 224 – 241.

[123] Bolinger M. Financing non-residential photovoltaic projects: Options and implications. Report LBNL-1410E. Lawrence Berkeley National Laboratory, 2009.

[124] Bompard E. , Huang T. , Yang L. Market equilibrium under incomplete and imperfect information in bilateral electricity markets [J]. IEEE Transactions on Power Systems, 2011, 26 (3): 1231 – 1240.

[125] Bragança G. G. F. D. , Daglish T. Investing in vertical integration: electricity retail market participation [J]. Energy Economics, 2017, 67: 355 – 365.

[126] Bunn D. W. , Oliveira F. S. Agent-based simulation: An application to the new electricity trading arrangements of England and Wales [J]. IEEE Transactions on Evolutionary Computation, 2001, 5 (5): 493 – 503.

[127] Bunn D. W. , Oliveira F. S. Evaluating individual market power in electricity markets via agent-based simulation [J]. Annals of Operations Re-

search, 2003, 121: 57 – 77.

[128] Butler L. , Neuhoff K. Comparison of feed-in tariff, quota and auc-tion mechanisms to support wind power development [J]. Renewable energy, 2008, 33 (8): 1854 – 1867.

[129] Cachon G. P. , Lariviere M. A. Supply chain coordination with rev-enue-sharing contracts strengths and limitations [J]. Management Science, 2005, 51 (1): 30 – 44.

[130] Campoccia A. , Dusonchet L. , Telaretti E. , et al. Comparative anal-ysis of different supporting measures for the production of electrical energy by solar PV and Wind systems: Four representative European cases [J]. Solar Energy, 2009, 83 (3): 287 – 297.

[131] Chao H. P. Efficient pricing and investment in electricity markets with intermittent resources [J]. Energy Policy, 2011, 39 (7): 3945 – 3953.

[132] Choi S. C. Price competition in a channel structure with a common retailer [J]. Marketing Science, 1991, 10 (4): 271 – 296.

[133] Chung T. S. , Zhang S. H. , Yu C. W. , et al. Electricity market risk management using forward contracts with bilateral options [J]. Generation, Transmission and Distribution, IEE Proceedings, 2003, 150 (5): 588 – 594.

[134] Cory K. S. , Couture T. , Kreycik C. Feed-in tariff policy: Design, implementation, and RPS policy interactions [J]. Office of Scientific & Tech-nical Information Technical Reports, 2009.

[135] Crawford, V. Long term relationships governed by short term con-tract [J]. American Economic Review, 1988, 78 (3): 485 – 499.

[136] Dominique F. The static and dynamic efficiency of instruments of promotion of renewables [J]. Energy Studies Review, 2003, 12 (1): 53.

[137] Esmaili M. , Ebadi F. , Shayanfar H. A. , et al. Congestion manage-

ment in hybrid power markets using modified Benders decomposition [J]. Applied Energy, 2013, 102: 1004 – 1012.

[138] Evans D. S., R. Schmalensee. The Industrial organization of markets with two-sided platforms [J]. National Bureau of Economic Research, 2005, 3 (1): 103 – 114.

[139] Fabbri A., Roman T. G., Abbad J. R., et al. Assessment of the cost associated with wind generation prediction errors in a liberalized electricity market [J]. IEEE Transactions on Power Systems, 2005, 20 (3): 1440 – 1446.

[140] Falconett I., Nagasaka K. Comparative analysis of support mechanisms for renewable energy technologies using probability distributions [J]. Renewable Energy, 2010, 35 (6): 1135 – 1144.

[141] Ferrando J, Gabszewicz J. Intermarket network externalities and competition: An application to the media industry [J]. International Journal of Economic Theory, 2008, 4 (3): 357 – 379.

[142] Finon D. Investment risk allocation in decentralised electricity markets. The need of long-term contracts and vertical integration [J]. OPEC Energy Review, 2008, 32 (2): 150 – 183.

[143] Fouad E. O., Konstantin, K. Dynamic conformance and design quality in a supply chain: An assessment of contracts' coordinating power [J]. Ann Operational Research, 2013, 211: 137 – 166.

[144] Gabszewicz J. J., Wauthy X. Nesting horizontal and vertical differentiation [J]. Regional Science and Urban Economic, 2012, 42 (6): 998 – 1002.

[145] García C. Policies and institutions for grid-connected renewable energy: "best practice" and the case of China [J]. Governance, 2013, 26 (1): 119 – 146.

[146] Geetha N. , Renuga P. Multilayer feed-forward neural network approach for optimal dispatch of UPFC embedded pool-bilateral electricity market [J]. International Transactions on Electrical Energy Systems, 2015, 25 (9): 1923 – 1942.

[147] Geman H. , Roncoroni A. Understanding the fine structure of electricity prices [J]. The Journal of Business, 2006, 79 (3): 1225 – 1262.

[148] Giri B. C. , Bardhan S. , Maiti T. Coordinating a three-layer supply chain with uncertain demand and random yield [J]. International Journal of Production Research, 2016, 54 (8): 2499 – 2518.

[149] González A. , Riba J. R. , Rius A. , et al. Optimal sizing of a hybrid grid-connected photovoltaic and wind power system [J]. Applied Energy, 2015, 154: 752 – 762.

[150] Green T. , Gross R. , Heptonstall P. , et al. Intermittent renewable generation and the cost of maintaining power system reliability [J]. IET Generation Transmission & Distribution, 2008, 2 (1): 82 – 89.

[151] Gross R. , Heptonstall P. The problem of intermittency: Overrated or understated? [J]. Modern Power Systems, 2006, 26 (10): 30 – 31.

[152] Grossman S. J. , Hart O. D. The costs and benefits of ownership: A theory of vertical and lateral integration [J]. Journal of Political Economy, 1986, 94 (4): 691 – 719.

[153] Güler M. G. Coordinating decentralised assembly systems with random yield and random demand [J]. International Journal of Production Research, 2015, 53 (3): 886 – 896.

[154] Güler M. G. , Bilgiç T. On coordinating an assembly system under random yield and random demand [J]. European Journal of Operational Research, 2009, 196 (1): 342 – 350.

[155] Gurnani H. , Gerchak Y. Coordination in decentralized assembly systems with uncertain component yields [J]. European Journal of Operational Research, 2007, 176 (3): 1559 – 1576.

[156] Harish K. , Ralph A. W. On the role of revenue-sharing contracts in supply chains [J]. Operations Research Letters, 2011, 39: 28 – 31.

[157] Hart O. , Moore J. Incomplete contracts and renegotiation [J]. Econometrica, 1988, 56 (4): 755 – 785.

[158] He Y. , Zhao X. Coordination in multi-echelon supply chain under supply and demand uncertainty [J]. International Journal of Production Economics, 2012, 139 (1): 106 – 115.

[159] Henriot A. Economic curtailment of intermittent renewable energy sources [J]. Energy Economics, 2015, 49: 370 – 379.

[160] Hiroux C. , Saguan, M. Large-scale wind power in European electricity markets: Time for revisiting support schemes and market designs? [J]. Energy Policy, 2010, 38 (7): 3135 – 3145.

[161] Hobbs B. F. , Metzler C. B. , Pang J. S. Strategic gaming analysis for electric power systems: An MPEC approach [J]. IEEE Transactions on Power Systems, 2000, 15 (2): 638 – 645.

[162] Höffler F. , Kranz S. Using forward contracts to reduce regulatory capture [J]. Journal of Industrial Economics, 2015, 63 (4): 598 – 624.

[163] Hu B. Y. , Feng Y. Optimization and coordination of supply chain with revenue sharing contracts and service requirement under supply and demand uncertainty [J]. International Journal of Production Economics, 2017, 183 (A): 185 – 193.

[164] Hu B. Y. , Xu D. , Meng C. Inconsistency of a retailer's optimal policies and channel performance under revenue sharing contracts [J]. Inter-

national Journal of Production Economics, 2017, 183 (A): 53 – 65.

[165] Hu F., Lim C. C., Lu Z. Coordination of supply chains with a flexible ordering policy under yield and demand uncertainty [J]. International Journal of Production Economics, 2013, 146: 686 – 693.

[166] Jacobsen H. K., Zvingilaite E. Reducing the market impact of large shares of intermittent energy in Denmark [J]. Energy Policy, 2010, 38 (7): 3403 – 3413.

[167] Jannuzzi G. D. M., de Melo C. A. Grid-connected photovoltaic in Brazil: Policies and potential impacts for 2030 [J]. Energy for Sustainable Development, 2013, 17 (1): 40 – 46.

[168] Joode J. D., Jansen J. C., van der Welle, A. J., et al. Increasing penetration of renewable and distributed electricity generation and the need for different network regulation [J]. Energy Policy, 2009, 37 (8): 2907 – 2915.

[169] Joskow P. L. Vertical integration and long-term contracts: The case of coal-burning electric generating plants [J]. Journal of Law & Economics, and Organization, 1985, 1 (1): 33 – 80.

[170] Kargarian A., Raoofat M., Mohammadi M. Probabilistic reactive power procurement in hybrid electricity markets with uncertain loads [J]. Electric Power Systems Research, 2012, 82 (1): 68 – 80.

[171] Ketterer J. C. The impact of wind power generation on the electricity price in Germany [J]. Energy Economics, 2014, 44 (10): 270 – 280.

[172] Khatib S. E., Galiana F. D. Negotiating bilateral contracts in electricity markets [J]. IEEE Transactions on Power Systems, 2007, 22 (2): 553 – 562.

[173] Kim M. K. Dynamic market-clearing model in a hybrid power market using parallel processing [J]. Journal of Energy Engineering, 2017, 143

（1）：1 – 15.

［174］Klessmann C. , Nabe C. , Burges K. Pros and cons of exposing renewables to electricity market risks：A comparison of the market integration approaches in Germany, Spain, and the UK ［J］. Energy Policy, 2008, 36 （10）：3646 – 3661.

［175］Kong L. C. , Li Z. , Liang L. , et al. RES-E capacity investment under uncertain renewable energy supply and volatile electricity spot price ［J］. Industrial Management & Data Systems, 2017, 117 （6）：1145 – 1165.

［176］Kumar A. , Gao W. Z. Pattern of secure bilateral transactions ensuring power economic dispatch in hybrid electricity markets ［J］. Applied Energy, 2009, 86 （7 – 8）：1000 – 1010.

［177］Kumar J. , Sheblé G. Auction market simulator for price based operation ［J］. IEEE Transactions on Power Systems, 1998, 13 （1）：250 – 255.

［178］Lam W. M. W. Switching costs in two-sided markets ［J］. Journal of Industrial Economics, 2017, 65 （1）：136 – 182.

［179］Lennart S. , Lutz H. , Antje O. , et al. Experience from wind integration in some high penetration areas ［J］. IEEE Transactions on Energy Conversion, 2007, 22 （1）：4 – 12.

［180］Lesser J. A. ；Su X. J. Design of an economically efficient feed-in tariff structure for renewable energy development ［J］. Energy Policy, 2008, 36 （3）：981 – 990.

［181］Li G. , Shi, J. Agent-based modeling for trading wind power with uncertainty in the day-ahead wholesale electricity markets of single-sided auctions ［J］. Applied Energy, 2012, 99 （2）：13 – 22.

［182］Li H. K. , Li C. Research of revenue sharing contract in many-to-one and retailer-dominant supply chain with fuzzy demand ［C］. International

Conference on Information Management, Innovation Management and Industrial Engineering (ICIII). New York, USA. IEEE, 2013.

[183] Liu C., Li N., Zha D. On the impact of FIT policies on renewable energy investment: Based on the solar power support policies in China's power market [J]. Renewable Energy, 2016 (94): 251 –267.

[184] Lu Y., Levi D. S. On the Unimodality of the profit function of the pricing newsvendor [J]. Production and Operations Management, 2013, 22 (3): 615 –625.

[185] Luo S. R., Sethi S. P., Shi R. X. On the optimality conditions of a price-setting newsvendor problem [J]. Operations Research Letters, 2016, 44 (6): 697 –701.

[186] Ma C. B., Zhao X. L. China's electricity market restructuring and technology mandates: Plant-level evidence for changing operational efficiency [J]. Energy Economics, 2015 (47): 227 –237.

[187] Mahan F., Kangavari, M. Using multi-agents model in development of negotiation based on combined method and fairness in bilateral contracts for electricity market. Proceedings of International Conference on Mechatronics and Automation [C]. Harbin, China, 2007: 1724 –1728.

[188] Marí L., Nabona N., Pagès-Bernaus A. Medium-term power planning in electricity markets with pool and bilateral contracts [J]. European Journal of Operational Research, 2017, 260 (2): 432 –443.

[189] Martinot E. Renewable power for China: Past, present, and future [J]. Frontiers of Energy and Power Engineering in China, 2010, 4 (3): 287 –294.

[190] Mateus J. C., Cuervo R. Bilateral negotiation of energy contracts from the buyer perspective [C]. Proceedings of IEEE Power & Energy Society

General Meeting. Calgary, Canada, 2009: 1 - 7.

[191] Menegaki A. Valuation for renewable energy: A comparative review [J]. Renewable and Sustainable Energy Reviews, 2008 (12) : 2422 - 2437.

[192] Menz F. C. , Vachon S. The effectiveness of different policy regimes for promoting wind power: Experiences from the states [J]. Energy Policy, 2006, 34 (14): 1786 - 1796.

[193] Midttun A. , Gautesen K. Feed in or certificates, competition or complementarity? Combining a static efficiency and a dynamic innovation perspective on the greening of the energy industry [J]. Energy Policy, 2007, 35 (3): 1419 - 1422.

[194] Mihajlov A. Opportunities and challenges for a sustainable energy policy in SE Europe: SE European Energy Community Treaty [J]. Renewable and Sustainable Energy Reviews, 2010, 14 (2): 872 - 875.

[195] Milstein I. , Tishler A. Intermittently renewable energy, optimal capacity mix and prices in a deregulated electricity market [J]. Energy Policy, 2011, 39 (7): 3922 - 3927.

[196] Muñoz M. , Oschmann V. , Tàbara J. D. Harmonization of renewable electricity feed-in laws in the European Union [J]. Energy Policy, 2007, 35 (5): 3104 - 3114.

[197] Neuhoff K. , Ehrenmann A. , Butler L. , et al. Space and time: Wind in an investment planning model [J]. Energy Economics, 2008, 30 (4): 1990 - 2008.

[198] Oliveira F. S. , Ruiz C. , Conejo A. J. Contract design and supply chain coordination in the electricity industry [J]. European Journal of Operational Research, 2013, 227 (3): 527 - 537.

[199] Overbye T. Market power evaluation in power system with conges-

tion [C]. IEEE PES Winter Meeting. New York, 1999.

[200] Palamarchuk S. Bilateral contract correction and cancellation in the competitive electricity markets [A]. Proceedings of IEEE PowerTech Conference [C]. Bucharest, Romania, 2009: 1 – 5.

[201] Palsule-Desai O. D. Supply chain coordination using revenue-dependent revenue sharing contracts [J]. Omega, 2013, 41 (4): 780-796.

[202] Paolo A. Wind electricity in Denmark: A survey of policies, their effectiveness and factors motivating their introduction [J]. Renewable and Sustainable Energy Reviews, 2007, 11 (5): 951-963.

[203] Pape C., Hagemann S., Weber C. Are fundamentals enough? Explaining price variations in the German day-ahead and intraday power market [J]. Energy Economics, 2016, 54: 376 – 387.

[204] Paraschiv F., Erni D., Pietsch R. The impact of renewable energies on EEX day-ahead electricity prices [J]. Energy Policy, 2014 (73): 196 – 210.

[205] Parker D., Kirkpatrick C. Privatisation in developing countries: A review of the evidence and the policy lessons [J]. Journal of Development Studies, 2005 (4): 513 – 541.

[206] Petruzzi N. C., Dada M. Pricing and the newsvendor problem: A review with extensions [J]. Operations Research, 1999, 47 (2): 183 – 194.

[207] Polo A. L., Haas R. An international overview of promotion policies for grid-connected photovoltaic systems [J]. Progress in Photovoltaics: Research and Applications, 2014, 22 (2): 248 – 273.

[208] Post D. L., Coppinger S. S., Sheble G. B. Application of auctions as a pricing mechanism for the interchange of electric power [J]. IEEE Transactions on Power Systems, 1995 (10): 1580 – 1584.

[209] Qian G. X. , Zhang Y. P. , Wu J. G. , et al. Revenue sharing in dairy industry supply chain-a case study of Hohhot, China [J]. Journal of Integrative Agriculture, 2013, 12 (12): 2300 – 2309.

[210] Ragwitz M. , Held A. , Resch G. , et al. Assessment and optimisation of renewable energy support schemes in the European electricity market. 2007. OPTRES. Final Report, Karlsruhe.

[211] Rasch A. , Wenzel T. Piracy in a two-sided software market [J]. Journal of Economic Behavior & Organization, 2013, 88: 78 – 89.

[212] Rey P. , Salanie B. Long-term, short-term and renegotiation: On the value of commitment in contracting [J]. Econometrica, 1990, 58 (3): 597 – 619.

[213] Rhee B. V. D. , Schmidt G. , Veen J. A. A. V. D. , et al. Revenue-sharing contracts across an extended supply chain [J]. Business Horizons, 2014, 57: 473 – 482.

[214] Ringel M. Fostering the use of renewable energies in the European Union: The race between feed-in tariffs and green certificates [J]. Renewable Energy, 2006, 31 (1): 1 – 17.

[215] Río P. D. A European-wide harmonised tradable green certificate scheme for renewable electricity: Is it really so beneficial? [J]. Energy Policy, 2005, 33 (10): 1239 – 1250.

[216] Río P. D. , Linares P. Back to the future? Rethinking auctions for renewable electricity support [J]. Renewable and Sustainable Energy Reviews, 2014, 35 (C): 42 – 56.

[217] Rodrigues A. B. , Da Silva M. G. Probabilistic framework for assessment of bilateral transactions in a competitive environment [A]. Proceedings of IEEE Power Tech Meeting [C]. Porto, Portugal, 2001: 1 – 6.

[218] Rogerson W. P. Efficient reliance and damage measures for breach of contract [J]. The RAND Journal of Economics, 1984, 15 (1): 39 - 53.

[219] Ruangchom N. , Damrongkulkamjorn P. Evaluations of bilateral transactions in electricity markets in aspects of optimal dispatch and transmission pricing [A]. Proceedings of Electrical Engineering/Electronics, Computer, Telecommunications and Information Technology Conference [C]. Krabi, Thailand, 2008: 961 - 964.

[220] Sammi Y. T. , Kouvelis P. Pay-back-revenue-sharing contract in coordinating supply chains with random yield [J]. Production and Operations Management, 2014, 23 (12): 2089 - 2102.

[221] Sensfu F. , Ragwitz M. , Genoese M. The merit-order effect: A detailed analysis of the price effect of renewable electricity generation on spot market prices in Germany [J]. Energy Policy, 2008, 36 (8): 3076 - 3084.

[222] Shibaji P. Coordination of a socially responsible supply chain using revenue sharing contract [J]. Transportation Research Part E, 2014, 67: 92 - 104.

[223] Smith V. L. An experimental study of competitive market behavior [J]. Journal of Political Economy, 1962 (70): 11 - 13.

[224] Song H. , Liu C. C. , Lawarree J. Nash equilibrium bidding strategies in a bilateral electricity market [J]. IEEE Transactions on Power Systems, 2002, 17 (1): 73 - 79.

[225] Tamás M. M. , Bade Shrestha S. O. , Zhou H. Feed-in tariff and tradable green certificate in oligopoly [J]. Energy Policy, 2010, 38 (8): 4040 - 4047.

[226] Tang W. , Jain R. Stochastic resource auctions for renewable energy integration [C] // Communication, Control, and Computing. IEEE, 2011: 345 - 352.

［227］Tian J. , Chen D. P. , Li X. L. A study on transactional strategies in the supply chain based on bilateral optional forward contracts ［A］. Proceedings of Wireless Communications, Networking and Mobile Computing International Conference ［C］. Dalian, China, 2008: 1 - 5.

［228］Verbruggen A. , Lauber V. Basic concepts for designing renewable electricity support aiming at a full-scale transition by 2050 ［J］. Energy Policy, 2009, 37 （12）: 5732 - 5743.

［229］Verma Y. P. , Sharma A. K. Congestion management solution under secure bilateral transactions in hybrid electricity market for hydro-thermal combination ［J］. International Journal of Electrical Power and Energy Systems, 2015, 64: 398 - 407.

［230］Wang F. , Yin H. , Li S. China's renewable energy policy: Commitments and challenges ［J］. Energy Policy, 2010, 38 （4）: 1872 - 1878.

［231］Wang Y. C. , Lou S. H. , Wu Y. W. , et al. Operation strategy of a hybrid solar and biomass power plant in the electricity markets ［J］. Electric Power Systems Research, 2019 （167）: 183 - 191.

［232］Weijde A. H. V. D. , Hobbs B. F. The economics of planning electricity transmission to accommodate renewables: Using two-stage optimisation to evaluate flexibility and the cost of disregarding uncertainty ［J］. Energy Economics, 2012, 34 （6）: 2089 - 2101.

［233］Wen F. S. , David A. K. Oligopoly electricity market production under incomplete information ［J］. IEEE Power Engineering Review, 2007, 21 （4）: 58 - 61.

［234］Wilson R. Architecture of power markets ［J］. Econometrica, 2002, 70 （4）: 1299 - 1340.

［235］Woo C. K. , Horowitz I. , Moore J. , et al. The impact of wind generation on the electricity spot-market price level and variance: The Texas experience [J]. Energy Policy, 2011, 39 (7): 3939 – 3944.

[236] Xie J. P., Li Z., Xia Y., et al. Optimizing capacity investment on renewable energy source supply chain [J]. Computers & Industrial Engineering, 2017 (107): 57 – 73.

[237] Xie J., Wei L., Zhu W., et al. Platform supply chain pricing and financing: Who benefits from e-commerce consumer credit? [J]. International Journal of Production Economics, 2021, 242: 1 – 18.

[238] Xie J. P., Xia Y., Liang L., et al. Pricing strategy for renewable energy source electricity in the competitive hybrid electricity market [J]. Industrial Management & Data Systems, 2018, 118 (5): 1071 – 1093.

[239] Xie J. P, Zhang W. S., Xia Y., et al. Electricity price of hybrid power system and decision making of renewable energy investment capacity [J]. Journal of Systems Science and Information, 2018, 6 (3): 193 – 213.

[240] Xie J., Zhu W., Wei L., et al. Platform competition with partial multi-homing: When both same-side and cross-side network effects exist. International Journal of Production Economics, 2021, 233: 1 – 17.

[241] Yu N., Tesfatsion L., Liu C. C. Financial bilateral contract negotiation in wholesale electricity markets using nash bargaining theory [J]. IEEE Transactions on Power Systems, 2013, 27 (1): 251 – 267.

[242] Zhao J., Tang W. S., Wei J. Pricing decision for substitutable products with retail competition in a fuzzy environment [J]. International Journal of Production Economics, 2012, 135 (1): 144 – 153.

[243] Zhu Z. N., Kong LC., Aisaiti G., et al. Pricing contract design of a multi-supplier-multi-retailer supply chain in hybrid electricity market [J]. Industrial Management and Data Systems, 2021, 121 (7): 1522 – 1551.

[244] Zhu Z. N., Kong L. C., Xie J. P., et al. Contract coordination optimization of a multi-power supplier-single dominant grid supply chain in hy-

brid electricity market ［J］. Industrial Management and Data Systems, 2019, 119 (9): 1861 –1887.

［245］Ziel F. , Steinert R. , Husmann S. Efficient modeling and forecasting of electricity spot prices ［J］. Energy Economics, 2015 (47): 98 –111.

［246］Zugno M. , Morales J. M. , Pinson P. , et al. Pool strategy of a price-maker wind power producer ［J］. IEEE Transactions on Power Systems, 2013, 28 (3): 3440 –3450.